Ferdinand Nduwindavyi

De la Vision à la Croisée des Chemins

Ferdinand Nduwindavyi

De la Vision à la Croisée des Chemins

Entre Héritage et Renouveau

Éditions Croix du Salut

Cover image: www.ingimage.com

Publisher:
Éditions Croix du Salut
is a trademark of
Dodo Books Indian Ocean Ltd. and OmniScriptum S.R.L publishing group

120 High Road, East Finchley, London, N2 9ED, United Kingdom
Str. Armeneasca 28/1, office 1, Chisinau MD-2012, Republic of Moldova, Europe
Managing Directors: Ieva Konstantinova, Victoria Ursu
info@omniscriptum.com

Printed at: see last page
ISBN: 978-620-8-86358-6

Table des Matières

Prologue

Au commencement d'une nouvelle saison, il y a toujours une hésitation. L'enthousiasme des commencements cède la place à la gravité des responsabilités : il ne suffit plus d'avoir rêvé, proclamé ou même posé les fondations. Il s'agit désormais de bâtir durablement, d'habiter la vision, d'enraciner l'espérance dans la réalité du quotidien.

C'est à ce carrefour que se trouve la Communauté Églises du Rocher du Burundi (CERB). Après le temps du retour à l'essentiel, du pardon et de la reconstruction, le peuple de Dieu est appelé à une maturité nouvelle. Les disciples, formés à l'école du compagnonnage, doivent maintenant incarner la foi dans toutes les dimensions de la vie : famille, travail, engagement social, dialogue avec la société burundaise et le monde.

Ce livre n'est pas simplement la suite logique des évènements : il en est la mise en œuvre, le prolongement vivant, parfois bouleversant, souvent exigeant. Il raconte les joies et les échecs, les avancées et les retours en arrière, les doutes et les lumières qui jalonnent le chemin de toute communauté humaine et spirituelle. Il donne la parole à ceux dont la vie témoigne silencieusement de la fidélité de Dieu : jeunes et anciens, femmes et hommes, leaders visibles ou artisans de l'ombre.

Il montre que la mission reçue ne se réduit jamais à un programme figé. Elle se renouvelle chaque jour, à travers les rencontres, les conflits, les questions inédites, les appels inattendus. Pour la CERB, l'enjeu n'est plus seulement de survivre ou de croître, mais de devenir une Église adulte : capable de traverser les tempêtes, de s'ouvrir aux autres, de transmettre la foi dans la durée.

Ce livre est une invitation à ne pas craindre le temps long, à ne pas s'effrayer des difficultés, à croire que toute crise peut devenir un lieu de passage vers plus de vérité, de fraternité, d'audace missionnaire. Il n'y a pas de réussite définitive : il y a le chemin, la fidélité, l'espérance. Que chaque lecteur, chaque responsable, chaque disciple puisse y puiser discernement, courage et inspiration.

L'histoire continue. Que la flamme de la vision ne s'éteigne jamais, mais qu'elle éclaire chaque nouvelle génération sur la route du Royaume.

Avant-propos

Écrire l'histoire d'une communauté de foi, c'est accepter de se tenir à la croisée des chemins : là où se rencontrent le mystère du spirituel et les réalités du quotidien, l'intime de la prière et le tumulte de l'histoire, la fragilité des commencements et la solidité des engagements durables. C'est aussi, humblement, se faire l'écho d'une aventure collective, portée par des femmes et des hommes qui, au fil des années, ont choisi de croire que l'Évangile pouvait transformer non seulement les cœurs, mais aussi les familles, les quartiers, les villes et, pourquoi pas, toute une nation.

La Communauté des Églises du Rocher (CERB) est née sur la terre burundaise, au cœur de l'Afrique des Grands Lacs, dans un contexte marqué par les contradictions : beauté des paysages et blessures de l'histoire, vitalité de la jeunesse et lourdeur des héritages, soif de paix et tentations du repli. Face à ces défis, un petit groupe de croyants a choisi de s'assembler, de prier, de rêver, de bâtir. Leur conviction : il est possible de vivre une foi vivante, enracinée dans la Parole, ouverte à l'Esprit, engagée dans le service, audacieuse dans la mission.

Au fil des chapitres qui suivent, ce livre retrace la trajectoire de la CERB : ses origines modestes, ses moments de feu et de doute, ses choix pédagogiques, ses innovations, ses crises et ses renaissances. Il donne la parole aux acteurs de l'ombre comme à ceux qui portent la vision, aux anciens comme aux jeunes, à ceux qui sont restés fidèles depuis le premier jour comme à ceux qui n'ont fait qu'un bout de chemin. Vous y trouverez des témoignages de foi simple et profonde, des récits de guérison et de réconciliation, des initiatives sociales et économiques, des efforts pour bâtir l'unité au sein de la diversité, des tentatives parfois maladroites, souvent courageuses, d'incarner l'Évangile dans toutes les dimensions de la vie.

Ce livre n'est ni une hagiographie, ni un manuel de stratégie. Il ne cherche pas à présenter la CERB comme une communauté parfaite – elle ne l'est pas, et ne prétend pas l'être. C'est un récit d'apprentissage, de tâtonnements et de fidélité : fidélité à Dieu, fidélité à une vision, fidélité aux personnes qui, jour après jour, donnent corps à cette aventure. C'est le portrait d'une Église qui grandit, non pas sans douleurs ni erreurs, mais avec la volonté de rester ouverte à la nouveauté de l'Esprit et aux appels de la société burundaise.

Pourquoi raconter cette histoire aujourd'hui ? Parce que le Burundi, à l'instar de beaucoup d'autres pays, a besoin de communautés vivantes, enracinées et ouvertes, capables de bâtir des ponts là où tant de murs ont été dressés. Parce que la foi chrétienne, loin d'être un refuge hors du monde, peut devenir une source de transformation, d'engagement, de créativité et de paix. Parce que, dans un contexte mondial où les repères vacillent, il est essentiel de rappeler que l'espérance peut naître du plus petit, du plus humble, du plus fragile.

À celles et ceux qui liront ces pages – membres de la CERB ou chercheurs de sens, croyants ou curieux, adultes ou jeunes – ce livre veut offrir un souffle : celui de la fidélité, de la fraternité, de la foi qui ose regarder l'avenir. Puissent ces récits inspirer, questionner, encourager, donner le goût de bâtir, de transmettre et d'aimer, là où vous êtes plantés.

Que ce témoignage serve de mémoire, de tremplin, et de promesse.

Dédicace

À tous les pionniers, connus ou inconnus, qui ont posé les premières pierres sur le Rocher.

À celles et ceux qui, dans la discrétion et la persévérance, ont prié, semé, pleuré, espéré, et bâti une communauté vivante au cœur du Burundi.

À la jeunesse de la CERB, porteuse de rêves, d'audace et de renouveau, qui ose inventer des lendemains meilleurs sans oublier les racines.

À toutes les familles qui, malgré les épreuves, ont choisi la voie du pardon et de la réconciliation.

Aux femmes et hommes de foi, d'action, de dialogue et de service, qui font rayonner l'Évangile dans les coins les plus reculés comme dans les rues animées des villes.

À ceux qui cherchent encore leur place, qui doutent, qui tombent et se relèvent, qui n'ont pas peur de recommencer.

À tous les artisans de paix, de justice et d'espérance, en CERB et au-delà, au Burundi et partout où l'appel du Royaume se fait entendre.

Ce livre vous est dédié, avec gratitude et tendresse, en hommage à votre courage, votre humilité et votre persévérance.

Partie I

Entre Terre et Rocher : L'Odyssée d'une Communauté en Quête de Dieu

Introduction

L'histoire de la Communauté des Églises du Rocher au Burundi (CERB) s'apparente à un long pèlerinage à travers un territoire aussi exigeant que porteur d'espérance. Elle commence dans la discrétion, presque à tâtons, portée par une poignée de femmes et d'hommes qui, au début, n'avaient que leur foi et une intuition profonde : celle que Dieu voulait faire naître quelque chose de neuf au cœur de leur terre burundaise. Leur chemin n'a jamais été une ligne droite, ni un parcours sans embûches. Au contraire, il a été marqué par des hésitations, des tâtonnements, des doutes et parfois des chutes. Pourtant, à chaque détour, c'est la fidélité de Dieu qui s'est manifestée, transformant leurs fragilités en occasions de croissance, leurs erreurs en leçons de sagesse, leurs recommencements en nouveaux départs. Cette aventure collective, loin de n'être qu'une simple chronique institutionnelle, est avant tout un témoignage vivant de la présence de Dieu dans l'histoire humaine, et de la capacité de l'Évangile à féconder les sillons de l'existence, même lorsqu'ils semblent arides.

Le récit de la CERB, c'est d'abord celui de pionniers qui, sans boussole claire, ont accepté de quitter le confort des certitudes pour se mettre à l'écoute d'un appel intérieur. Ils n'avaient ni ressources abondantes, ni reconnaissance sociale, ni structures solides. Leur unique richesse résidait dans la Parole, reçue comme une promesse : « Sur cette roche, je bâtirai… » C'est sur cette promesse que tout s'est construit, pas à pas. Les premières rencontres se font dans des maisons modestes, autour d'une Bible partagée, d'un chant hésitant, d'une prière balbutiante. Les premiers cultes sont marqués par la simplicité, mais aussi par la ferveur : on y vient chercher la lumière, la consolation, l'espérance. Peu à peu, la communauté se structure, s'agrandit, se dote de lieux de rassemblement, de leaders formés, d'outils pour transmettre la foi et l'amour de Dieu à la génération suivante.

Mais l'histoire de la CERB n'est pas un conte sans épreuves. Chaque étape a connu ses moments de désert : crises internes, incompréhensions, divisions, tentations d'abandonner la route quand le chemin se faisait trop rude. Parfois, la communauté a failli perdre de vue la source, emportée par des ambitions humaines, des rivalités, ou la fatigue des longues marches sans horizon clair. Les blessures personnelles et collectives, les deuils, les départs, les trahisons n'ont pas épargné le peuple du Rocher. Pourtant, c'est précisément dans ces traversées difficiles que la fidélité de Dieu s'est révélée la plus forte. Il a relevé les découragés, rassemblé les dispersés, guéri les cœurs brisés, et redonné un sens à l'aventure. À travers chaque crise, une étape nouvelle a été franchie, une maturité plus profonde acquise, une vision renouvelée.

Ce livre se veut un miroir tendu à tous ceux qui cherchent comment la foi se construit au cœur de l'incertitude. Il invite le lecteur à s'interroger : comment une simple vision, reçue dans la prière, peut-elle transformer des vies, des familles, voire des régions entières ? Quels chemins inattendus prend la grâce quand elle rencontre des hommes et des femmes disposés à marcher, non par la vue, mais par la confiance ? Et que faire lorsque, même parmi les croyants, la division, l'oubli de la source ou la routine menacent d'étouffer la flamme initiale ? L'histoire de la CERB n'apporte pas de réponses toutes faites, mais témoigne d'un chemin sur la crête : tenir bon, sans jamais perdre de vue la promesse.

À travers les pages qui suivent, c'est un chemin de foi que le lecteur est invité à parcourir, mais aussi un chemin de courage, d'humilité et surtout de persévérance. Car si la CERB est née au Burundi, son histoire parle à tout croyant, où qu'il soit, qui se sait en route, lancé à la suite du Christ sur des sentiers parfois escarpés. Le contexte burundais, avec ses beautés et ses drames, donne à ce récit une couleur particulière. Mais la dynamique profonde, celle d'une communauté appelée à se laisser modeler par la Parole, à traverser les tempêtes et à bâtir, malgré tout, sur la roche solide, est universelle. Dans chaque culture, chaque Église, chaque famille, il y a des moments de désert, de soif, de fatigue ; mais il y a aussi, toujours, la possibilité de puiser à la source, de repartir, de voir refleurir la vie là où l'on croyait la terre stérile.

Ce livre ne retrace pas seulement les grandes dates ou les figures marquantes de la CERB. Il donne la parole à ceux qui, dans l'ombre, ont semé avec larmes, persévéré dans la prière, pardonné l'injustice, porté l'espérance. Il met en lumière les petits gestes, les grandes fidélités, les recommencements discrets, les choix courageux qui, mis bout à bout, font la force d'une communauté. Il montre comment la foi ne se vit pas en vase clos, mais s'incarne dans le tissu des relations, des familles, des quartiers, des réseaux professionnels. Comment, à travers des engagements sociaux, des initiatives innovantes, des actes de solidarité, la CERB a cherché à être sel de la terre et lumière du monde, fidèle à sa vocation de témoin au service de Dieu et de la société burundaise.

Enfin, ce récit se veut porteur d'espérance. Il ne s'agit pas de glorifier un passé idéalisé, ni de masquer les fragilités et les échecs. Au contraire, il s'agit de reconnaître que c'est précisément à travers les failles que la lumière passe : que c’est dans la fragilité assumée, l’humilité partagée, la confiance renouvelée que se construit, pas à pas, une Église vivante. La promesse du Christ — « Je suis avec vous tous les jours, jusqu’à la fin du monde » — demeure le socle sur lequel la CERB continue de bâtir. Cette parole a traversé les saisons, soutenu les fondateurs, guidé les nouveaux venus, relevé les découragés. Aujourd’hui encore, elle appelle chacun à marcher, à se relever, à croire que, même dans les nuits les plus sombres, une aurore est possible.

Au fil de ces pages, le lecteur découvrira aussi bien les racines que les fruits, les moments de doute que les élans de foi, les chutes que les relèvements. Il sera invité à entrer dans la dynamique d’une communauté qui, jour après jour, choisit de donner, de partager, de multiplier ce qu’elle a reçu. L’histoire de la CERB n’est pas close ; elle s’écrit encore, dans le secret des cœurs, dans la prière silencieuse, dans les engagements solidaires, dans l’espérance partagée. Que ce livre devienne, pour chacun, une invitation à avancer, à bâtir sur la Parole, et à croire que, malgré tout, Dieu fait toujours fleurir le désert.

Chapitre 1

Naissance dans l'incertitude

Bujumbura, 1997. Tout commence dans une petite salle poussiéreuse de Bujumbura. Quelques croyants, réunis par un désir sincère de servir Dieu, se retrouvent autour du Pasteur Paul Kazadi. Le Burundi sort à peine d'une période de troubles dont les séquelles se lisent sur les visages, dans les rues, jusque dans les églises. Dans cette ville où l'espérance semble parfois s'effriter sous le poids du quotidien, un petit groupe se rassemble. Ils ne sont pas nombreux, mais ils ont en commun une soif de Dieu, et une conviction : l'Évangile doit continuer de rayonner, même dans la nuit. Ils ne sont ni riches, ni influents. Mais ils portent dans leur cœur ce feu qui pousse à se rassembler, à prier, à espérer. La guerre civile gronde encore dans le pays, les rues sont pleines d'incertitude, et dehors, la peur est palpable. Dans ce climat, la naissance d'une nouvelle communauté chrétienne pourrait sembler dérisoire, presque naïve.

Pourtant, c'est ainsi que Dieu aime écrire l'histoire : dans la petitesse et l'inattendu. La Communauté des Églises du Rocher voit le jour, mais sans vision claire, sans plan directeur. On avance à tâtons. Le Pasteur Kazadi, homme de foi mais aussi homme de caractère, tient les rênes. On prie, on chante, on encourage, mais la direction manque. On bâtit sur la ferveur du moment, sans savoir quel sera le lendemain. Beaucoup viennent, certains repartent.

Certains membres quittent la communauté, déçus ou désorientés. D'autres restent, par fidélité ou par conviction. Parfois, on a l'impression de tourner en rond. Mais tous se posent la question : et maintenant ? Qui sommes-nous sans Kazadi ? Quel est notre cap ? Sans le savoir, la CERB découvre une des grandes leçons de la foi : l'œuvre de Dieu n'est jamais l'œuvre d'un seul homme. Elle est collective, et elle a besoin de la vision du ciel plus que du charisme humain. C'était peut-être là, déjà, une première leçon de Dieu : Il permet parfois l'incertitude pour révéler le besoin d'une direction, d'une vision reçue d'en haut, et non simplement d'une bonne volonté humaine. Sans le savoir, la communauté du Rocher vivait ses années de désert, apprenant que le zèle ne suffit pas ; il faut aussi la lumière pour éclairer le chemin.

La tension atteint son paroxysme. Un désaccord profond éclate entre le Pasteur Kazadi et plusieurs membres influents. Les réunions deviennent houleuses, les mots blessent, la fatigue s'installe. La communauté se scinde. Pour beaucoup, c'est la fin d'un rêve. Mais pour Dieu, c'est le début d'une nouvelle œuvre. La séparation, douloureuse, est aussi un acte de purification. Elle ouvre la voie à ce que Dieu veut faire naître, non sur la base d'une personnalité, mais d'une vision partagée.

Le Pasteur Paul Kazadi est à la tête de ce groupe. C'est un homme de foi, passionné, parfois intransigeant, convaincu que l'Église doit être un refuge pour les âmes blessées, mais aussi une armée de croyants debout dans la prière et les œuvres. Il réunit autour de lui quelques familles, des jeunes, des femmes et des hommes qui cherchent quelque chose de différent. Sans grands moyens, sans bâtiments officiels, ils commencent à se réunir dans des maisons, puis dans une salle prêtée par une autre communauté. On prie, on chante, on partage la Parole. On rêve de voir naître une église qui serait un rocher, stable au milieu des tempêtes.

Mais très vite, une réalité s'impose : s'il y a l'ardeur, il manque la vision. La nouvelle communauté avance à tâtons. On improvise, on débat de l'organisation, des priorités, on hésite sur la direction à prendre. Certains veulent faire de l'église un lieu de retraite spirituelle, d'autres rêvent d'un grand mouvement d'évangélisation. Le Pasteur Kazadi, respecté mais parfois autoritaire, prend des décisions qui ne font pas toujours l'unanimité. La communauté avance, mais sans cap clair, comme un bateau sans compas.

Dans ce contexte, de premières tensions apparaissent. Des désaccords surgissent sur la gestion des fonds, sur la manière de conduire les cultes, sur l'intégration des nouveaux venus. Parfois, on discute jusqu'à tard dans la nuit. Les plus anciens rappellent l'importance de l'unité, mais chacun sent que quelque chose manque. Dans les prières, une question revient : « Seigneur, pourquoi nous as-tu réunis ? Que veux-tu vraiment faire de nous ? » Mais Dieu semble se taire. C'est l'école de la patience, celle qui façonne les cœurs et purifie les intentions.

Pourtant, dans cette période d'incertitude, la communauté vit aussi de beaux moments. Des guérisons sont rapportées, des familles se réconcilient, des jeunes découvrent la joie du service. On organise de petites retraites, on partage des repas, on chante tard le soir, parfois à la lueur d'une unique bougie lorsque l'électricité fait défaut. On s'encourage mutuellement, on pleure ensemble, on rêve ensemble. L'Église du Rocher n'a pas encore de nom officiel, mais déjà, elle est une famille.

Spirituellement, ces débuts rappellent les premières communautés chrétiennes du livre des Actes. Elles aussi avançaient dans l'incertitude, bousculées par les persécutions, animées par l'amour mais sans toujours comprendre la direction que Dieu voulait leur faire prendre. Comme eux, la petite communauté du Rocher apprend à dépendre de Dieu dans le concret, à faire confiance sans tout comprendre, à se laisser façonner par les épreuves.

Mais l'absence de vision finit par peser. Au fil des mois, certains membres se lassent et quittent le groupe. D'autres restent, convaincus que Dieu finira par parler. Les réunions de prière deviennent plus intenses, comme si chacun sentait qu'un tournant est proche. Le Pasteur Kazadi lui-même paraît parfois fatigué, usé par les responsabilités, mais il continue d'avancer, porté par sa foi.

Progressivement, des tensions apparaissent. Certains veulent aller plus vite, d'autres souhaitent revenir aux traditions. Le Pasteur Kazadi, charismatique mais parfois autoritaire, prend des décisions qui ne font pas l'unanimité. Des frustrations montent. On prie pour l'unité, mais on sent que quelque chose manque. Le livre des Proverbes dit : “Quand il n'y a pas de vision, le peuple périt.” (Proverbes 29:18). La CERB n'est pas en train de mourir, mais elle stagne, elle attend.

Dans ce flou, Dieu travaille. Il façonne les cœurs, il prépare la suite. Comme souvent dans la Bible, l'histoire commence par l'attente, le tâtonnement, la nuit. Mais la promesse de l'aube est déjà là, cachée dans les prières de ceux qui espèrent en silence. Dans ces circosntance, les tensions atteignent un seuil critique. Une dispute éclate autour de la gestion de la communauté. Des voix s'élèvent, des larmes coulent. Certains suggèrent qu'il faudrait dissoudre le groupe, d'autres veulent changer de leader. Mais dans la tempête, une conviction naît : si Dieu a permis la naissance de cette église, il a aussi un plan, même caché.

Cette période, avec le recul, ressemble à une traversée du désert. Comme le peuple d'Israël sorti d'Égypte, la communauté du Rocher avance sans carte, parfois en rond, mais avec la certitude que la promesse de Dieu n'est jamais vaine. Les souffrances, les disputes, les incompréhensions deviennent un creuset où la foi se purifie, où les cœurs s'ouvrent à la nouveauté.

C'est souvent ainsi que Dieu agit. Il permet l'incertitude pour forger la dépendance à Lui, pour que la gloire revienne à Sa vision et non à nos plans humains. L'histoire de la CERB commence dans l'humilité, la fragilité, l'attente. Mais déjà, l'Esprit travaille en secret. Déjà, des cœurs sont préparés à recevoir la vision qui changera tout.

En 2002, la tension devient telle qu'une séparation paraît inévitable. La communauté vit son vendredi saint, son moment de doute et de deuil. Mais, comme dans l'histoire du salut, la nuit précède toujours l'aube. Dieu, qui voit dans le secret, prépare une nouvelle saison. Il suscite des hommes et des femmes prêts à écouter, à obéir, à porter une vision nouvelle.

Ainsi, les années 1997-2002 marquent la genèse hésitante de la CERB. Elles rappellent à chaque lecteur que nos commencements, aussi fragiles soient-ils, ne sont pas vains s'ils préparent le terrain pour la révélation de Dieu. Comme le dit l'apôtre Paul, "Nous portons ce trésor dans des vases de terre, afin que cette puissance extraordinaire soit attribuée à Dieu, et non à nous." (2 Corinthiens 4:7).

À l'aube de 2003, la CERB est là, blessée mais debout, prête à recevoir ce qui va bouleverser son histoire : une vision née dans le secret du cœur d'un homme, et appelée à devenir le socle d'une communauté nouvelle. C'est une étape marquée par l'incertitude, mais féconde, car elle a ouvert les cœurs à la révélation à venir. Bientôt, la voix de Dieu allait retentir, non dans la foule, mais dans le secret d'une prière fidèle, pour donner à la communauté sa véritable identité.

Ce chapitre de la CERB est un appel à tous ceux qui traversent des commencements difficiles : la fidélité de Dieu ne dépend pas de nos certitudes, mais de notre disponibilité à le suivre, même dans la nuit. Quand tout semble flou, Il prépare l'impossible.

Chapitre 2

Rupture Salvatrice : La Première Séparation

L'année 2002 s'ouvre sur un climat tendu au sein de la jeune communauté du Rocher. Les mois précédents ont été éprouvants. Les voix discordantes se sont multipliées, les réunions ont pris des allures de débats houleux, et au fond des cœurs, une fatigue insidieuse s'est installée. Même la prière, jadis source d'unité et d'espérance, semble parfois porter le poids des non-dits et des déceptions.

La séparation avec Paul Kazadi, en 2002, fut un séisme pour la jeune communauté. Certains pleuraient, d'autres ressentaient un soulagement, mais tous savaient que rien ne serait plus comme avant. Pour beaucoup, Paul Kazadi était le père fondateur, celui qui avait osé, contre vents et marées, semer la première graine. Mais, comme dans toute histoire spirituelle, il arrive un moment où Dieu déplace les frontières, brise les sécurités pour ouvrir un horizon nouveau.

Le Pasteur Paul Kazadi, figure centrale, sent lui aussi la pression. Sa passion et son autorité, qui avaient permis à la communauté de surmonter les premiers obstacles, semblent maintenant cristalliser les tensions. Certains lui reprochent sa gestion, d'autres son manque d'ouverture à la collégialité. La question de la vision – ou plutôt de son absence – revient sans cesse dans les échanges : « Où allons-nous ? », « Pourquoi Dieu nous a-t-il réunis ? », « Que voulons-nous devenir ? »

Un soir d'assemblée générale, la tension atteint son apogée. Les voix s'élèvent, les regards se détournent, les mots blessent. Pour la première fois, certains osent dire tout haut ce que beaucoup pensaient tout bas : il est temps de changer, de trouver un nouveau cap, peut-être même un nouveau leader. Comme un couperet, la décision tombe : la séparation est inévitable.

Ce fut un choc. Pour les uns, c'était la fin d'un rêve ; pour d'autres, le début d'un espoir. Certains quittent la communauté, emportant avec eux l'amertume de la déception. D'autres restent, poussés par une force mystérieuse, une intuition spirituelle que Dieu n'en a pas fini avec eux, que cette rupture, aussi douloureuse soit-elle, n'est qu'un passage obligé.

Dans le silence qui suit, beaucoup se sentent orphelins. Le Pasteur Kazadi, malgré ses défauts, avait été le pilier, le point de référence. Son départ laisse un vide. Les réunions sont moins nombreuses, les chants moins fervents. On prie, mais souvent sans mots, comme si la communauté, frappée de stupeur, n'osait plus espérer.

Spirituellement, cette période fut aussi une école d'humilité. Ceux qui étaient restés devaient apprendre à dépendre de Dieu, à chercher sa volonté, à attendre sa direction. Les réunions de prière prenaient une intensité nouvelle. On n'attendait plus des solutions humaines, on criait vers le Seigneur. Et, comme toujours, Dieu répond à ceux qui l'invoquent avec un cœur brisé.

Pourtant, à travers cette douleur, une lumière commence à poindre. Ceux qui restent redécouvrent la puissance de la prière persévérante. Ils apprennent à s'appuyer sur Dieu, non plus sur un homme. Ils relisent les Écritures, notamment le récit de Moïse et du peuple d'Israël : « Le Seigneur ira lui-même devant toi, il sera avec toi, il ne te délaissera pas, il ne t'abandonnera pas. » (Deutéronome 31:8). Cette parole devient leur ancre dans la tempête.

Spirituellement, cette rupture s'avère salvatrice. Elle oblige la communauté à s'interroger sur le vrai fondement de son unité : est-ce un leader charismatique ou la présence de Dieu ? Est-ce une organisation humaine ou une vision divine partagée ? Progressivement, l'amertume laisse place à la foi. Les cœurs s'ouvrent à la nouveauté de Dieu.

Un petit noyau de fidèles, animé par la conviction que Dieu agit souvent dans le brisement, décide de tenir bon. Ils organisent des veillées de prière, cherchent la direction divine, refusent de se disperser. Ils se rappellent que dans la Bible, les plus grandes œuvres jaillissent souvent après des séparations douloureuses : Abraham quittant sa parenté, Joseph rejeté par ses frères, Pierre et Paul en désaccord mais unis dans le service du Royaume.

La communauté du Rocher expérimente alors une forme de purification. Ce qui restait d'humainement confortable – l'habitude, la routine, le prestige d'un leader – est balayé. Il ne reste que l'essentiel : la foi nue, la soif de Dieu, le désir de servir. Ceux qui restent ne sont plus là par tradition, ni par fidélité à un homme, mais par attachement à la mission, même encore floue, que Dieu leur confie.

Ce moment de crise est aussi un appel à la maturité. Chacun doit prendre sa part de responsabilité, s'engager, inventer de nouveaux modes de fonctionnement. Il n'y a plus de place pour les spectateurs : tous deviennent acteurs du renouveau. L'humilité grandit, la solidarité aussi. On apprend à écouter plus qu'à parler, à construire plutôt qu'à critiquer.

Dans le secret, l'Esprit prépare les cœurs. Certains commencent à ressentir une paix étrange, un pressentiment que Dieu va bientôt agir. L'histoire de la CERB entre alors dans une période de gestation spirituelle. Comme le grain tombé en terre, la communauté semble morte, mais c'est pour renaître plus forte, plus vraie, plus fidèle à l'appel de Dieu.

La rupture avec Paul Kazadi, loin d'être la fin, marque donc le début d'une ère nouvelle. Dieu, dans sa sagesse, utilise même nos failles, nos échecs, nos divisions, pour écrire une histoire plus grande que nos projets humains. Ce que personne n'attendait va bientôt arriver : la révélation d'une vision qui va transformer non seulement la communauté du Rocher, mais des milliers de vies à travers tout le Burundi et le monde. Le silence de la nuit va bientôt laisser place à l'aube d'une vision. Dans le secret, Dieu prépare déjà l'homme et la parole qui changeront le destin du Rocher.

À travers ce chapitre, la CERB nous enseigne que toute crise, si elle est vécue dans la foi, peut devenir un tremplin vers la nouveauté de Dieu. Là où l'homme voit une défaite, Dieu prépare souvent une victoire cachée. À ceux qui traversent des séparations douloureuses, cette histoire rappelle que le Seigneur ne nous abandonne jamais. Il brise pour réparer, il sépare pour unir autrement, il fait mourir pour ressusciter.

Chapitre 3

Une vision révélée dans le secret

La communauté du Rocher, ébranlée mais debout, traverse une saison d'attente. C'est dans ces moments de transition, où tout semble suspendu, que Dieu aime surprendre. Il choisit souvent les coulisses plutôt que la scène, le silence plutôt que le tumulte, pour révéler ses desseins. C'est souvent dans le silence, loin des projecteurs, que Dieu choisit ses instruments.

Au cœur de cette période trouble, un homme se distingue par sa discrétion et son engagement : Ferdinand Nduwindavyi. Il n'est ni le plus ancien, ni le plus influent, mais il a la confiance de ceux qui l'entourent, notamment comme président de la chorale Intsinzi. Sa vie témoigne d'un amour profond pour le service, la louange et l'écoute de Dieu. Ferdinand n'aspire pas à la lumière, mais il l'attire par sa fidélité.

C'est lors d'une nuit particulière, alors qu'il médite et prie, que Ferdinand reçoit ce qui va bouleverser le destin de la CERB. Dans le secret de sa chambre, alors que le monde dort, il sent une conviction nouvelle l'envahir. Ce n'est pas une simple inspiration, mais une révélation claire, vive, brûlante : « Faire de tous des soldats dans l'armée du Seigneur. »

Ce message, d'abord surprenant, s'impose à lui avec force. Ferdinand sent que Dieu ne lui parle pas seulement à lui, mais à toute la communauté. Il comprend que le temps est venu de sortir du statut de spectateur pour devenir acteur du Royaume. Chaque membre, peu importe son âge, son niveau d'instruction ou son passé, est appelé à se former, à servir, à transmettre la foi. Il ne s'agit plus d'une église passive, mais d'une armée spirituelle, prête à relever les défis du temps.

Ferdinand, bouleversé, ne sait comment réagir. Il passe plusieurs jours dans la prière, demandant à Dieu la confirmation de cette vision. Il relit la Bible, s'arrête sur les passages où Dieu appelle, où il envoie, où il transforme les faibles en héros. Il pense à Moïse, à Gédéon, à David, à Pierre. Tous étaient des hommes ordinaires, souvent hésitants, mais choisis par Dieu pour porter une mission extraordinaire.

Petit à petit, une conviction s'installe : il doit partager ce qu'il a reçu. Mais comment ? Avec qui commencer ? Va-t-on le croire, lui, le simple président de chorale ? Va-t-on l'accuser de vouloir prendre le pouvoir ? Les doutes l'assaillent, mais la paix de Dieu le rassure. Il sent que ce n'est pas sa vision, mais celle de Dieu ; il n'a donc rien à défendre, seulement à obéir.

Le temps venu, Ferdinand décide de présenter la vision à ses collègues, ceux avec qui il a partagé tant de moments de louange, de prière et de service. Il choisit ses mots avec soin, raconte son expérience sans fioritures, humblement. Il ne cache ni son émotion ni ses craintes. Puis il expose la vision : la CERB est appelée à devenir une armée de soldats du Seigneur, chaque membre étant équipé, formé, envoyé.

Un silence s'installe. Certains sont touchés, d'autres sceptiques, mais tous sentent que quelque chose d'inhabituel est en train de se produire. On propose de prier ensemble, d'interroger Dieu, de chercher confirmation. Pendant plusieurs jours, la communauté restreinte vit dans une attente fébrile. Chacun prie, médite, relit les Écritures. Le texte d'Éphésiens 6 résonne particulièrement : « Revêtez-vous de toutes les armes de Dieu, afin de pouvoir tenir ferme contre les ruses du diable.»

Peu à peu, une unité nouvelle naît. Le doute laisse la place à l'enthousiasme. Les uns après les autres, les membres du groupe fondateur reconnaissent dans la vision de Ferdinand un appel divin. Ils voient en elle non seulement une stratégie de croissance, mais surtout une réponse à la stérilité des années passées, à l'errance sans cap. La perspective de devenir des soldats – non des spectateurs – enthousiasme, mobilise, inspire.

Spirituellement, cette étape est fondamentale. Elle montre que Dieu n'agit pas dans le vacarme, mais dans le secret, qu'il choisit les humbles, qu'il confie ses trésors à ceux qui écoutent plus qu'ils ne parlent. La vision n'est pas le fruit d'un calcul humain, mais d'une visitation du ciel. C'est ce qui va donner à la CERB sa force, sa cohérence, sa fécondité.

En acceptant la vision transmise par Ferdinand, la communauté du Rocher voit s'ouvrir devant elle un horizon nouveau. Pour la première fois, elle a un cap, une raison d'être, une mission partagée. Ce n'est plus le rêve d'un homme, mais l'appel de tout un peuple à se lever, à se préparer, à servir.

Le secret du renouvellement spirituel est là : accepter que Dieu parle encore, qu'il donne des visions neuves, qu'il utilise qui il veut, quand il veut. La CERB va désormais marcher avec la certitude qu'elle a reçu une mission, non pour sa propre gloire, mais pour l'avancement du Royaume.

Dans le sillage de cette révélation, la communauté va changer de visage. Les années d'attente et de crise auront été le terreau où la vision, comme une graine, a pu germer. Désormais, tout est possible, car Dieu a parlé, et le peuple a répondu.

Ce chapitre de l'histoire de la CERB est une invitation à chacun : Dieu parle encore aujourd'hui, il cherche des cœurs disponibles, prêts à écouter, prêts à obéir, même dans le secret. Les plus grandes transformations commencent souvent par une simple prière, un cœur ouvert, une nuit de veille.

Chapitre 4

La présentation de la vision : le premier pas vers la lumière

Chaque grande aventure de foi commence par un acte de courage : celui de partager ce que Dieu a déposé dans le secret du cœur, sans savoir comment cela sera reçu. Pour Ferdinand Nduwindavyi, ce moment arrive en 2003. Après des semaines de prière, d'hésitation, mais aussi d'obéissance, il sait qu'il doit franchir le pas.

Ce n'est pas un grand rassemblement, ni une conférence solennelle. Ferdinand choisit de s'ouvrir d'abord à ses compagnons de route, ceux qui l'ont vu servir dans la chorale Intsinzi, qui ont partagé avec lui la joie, la lassitude, parfois le découragement. Il les réunit un soir dans une modeste salle, autour de quelques chaises de fortune, un vieux piano dans un coin, et beaucoup d'espérance dans les regards. La chaleur humaine compense l'austérité du lieu.

Il commence par raconter son cheminement, les nuits passées à chercher la volonté de Dieu, les doutes qui l'ont traversé, l'assurance paisible qui a fini par s'imposer. Il parle sans emphase, sans recherche de spectaculaire. Il sait que la véritable autorité spirituelle naît de la vérité du vécu, non des discours bien construits.

Puis, d'une voix calme, il partage la vision : « Dieu m'a révélé que la Communauté des Églises du Rocher est appelée à faire de chaque membre un soldat dans l'armée du Seigneur. Nous ne sommes pas appelés à être des spectateurs, ni à rester des enfants spirituels. Chacun doit être formé, équipé, envoyé. Nous devons bâtir une armée qui se tient ferme dans la prière, la Parole, la louange, le service et la communion fraternelle. »

Un silence profond s'abat sur le groupe. Certains baissent les yeux, méditant. D'autres échangent des regards, pesant le poids de ce qui vient d'être dit. L'ambiance est grave, mais on sent aussi une excitation retenue. L'un des membres, après un long moment, prend la parole : « Cela répond à ce que beaucoup d'entre nous ressentent depuis des années. Nous avons soif de plus, mais nous ne savions pas comment avancer. »

La soirée se poursuit en prière. On demande à Dieu de confirmer, de donner des signes, d'unir les cœurs autour de cette vision. Les chants montent, les larmes coulent, la paix descend. Un sentiment d'unité naît, fragile encore, mais réel. Petit à petit, les doutes s'estompent. On sent que Dieu est à l'œuvre, que ce moment marque un tournant, une sortie du brouillard vers la clarté.

Dans les jours qui suivent, Ferdinand et ses compagnons partagent la vision avec d'autres membres clés de la communauté. La démarche est la même : humilité, transparence, prière. À chaque fois, la réaction est similaire : d'abord la surprise, puis une adhésion progressive, presque naturelle. Beaucoup disent ressentir une confirmation intérieure, comme si cette vision était le puzzle manquant à leur marche de foi.

Ce mouvement de l'Esprit ne tarde pas à se répandre. Rapidement, la vision devient le sujet principal des conversations, des prières, des réunions. On commence à prier différemment, à réfléchir à la formation des membres, à se demander comment chacun peut devenir un « soldat » selon le cœur de Dieu. Les plus anciens encouragent les plus jeunes, les timides découvrent qu'ils ont aussi une place à occuper, les découragés retrouvent de l'espérance.

Spirituellement, ce chapitre marque un passage de l'ombre à la lumière. La communauté du Rocher, longtemps ballottée par les incertitudes et les tensions, découvre la puissance libératrice de la vision divine partagée. Là où il n'y avait que de la survie, naît la vie ; là où régnaient la routine et le doute, surgit l'élan du renouveau. Car une vision reçue de Dieu ne se limite jamais à une stratégie humaine : elle transforme les cœurs, donne un sens nouveau à l'engagement, fait germer des vocations insoupçonnées.

Peu à peu, la CERB se met à ressembler à ce que Dieu a vu pour elle. Les réunions de prière s'intensifient, les partages bibliques prennent une profondeur nouvelle. On réfléchit à comment structurer l'enseignement, à comment responsabiliser chacun, à comment préparer la relève. La vision devient un miroir où chaque membre découvre sa responsabilité, mais aussi sa dignité de fils et fille du Roi.

Dans l'histoire de la foi, les plus grands tournants naissent toujours d'une rencontre entre une conviction personnelle et une adhésion communautaire. La vision, aussi claire soit-elle, n'a de force que lorsqu'elle est portée ensemble, dans l'humilité, la persévérance, la prière. Ce fut le cas pour la CERB en 2003 : un homme ose parler, un groupe ose écouter, et Dieu commence à écrire, au pluriel, une nouvelle page de son œuvre.

Le premier pas vers la lumière est franchi. Le chemin reste long, semé d'embûches, mais la direction est donnée. Désormais, la CERB sait pourquoi elle existe, pour qui elle se bat, et comment elle veut grandir : en faisant de tous des soldats dans l'armée du Seigneur. Un socle est posé, sur lequel Dieu va pouvoir bâtir bien au-delà des espérances humaines.

Chapitre 5

Faire de tous des soldats dans l'armée du Seigneur

La vision désormais partagée, une nouvelle dynamique gagne la Communauté des Églises du Rocher. Pour la première fois, chaque réunion, chaque prière, chaque chant sont vécus comme une préparation à un appel plus grand. La formule « Faire de tous des soldats dans l'armée du Seigneur » ne tarde pas à devenir le socle, la devise, l'ADN même de la CERB. Mais qu'entend-on véritablement par cette expression ? Et comment la traduire, concrètement, dans la vie de tous les jours ?

Derrière la métaphore du soldat, il ne s'agit pas de former une armée belliqueuse, mais un peuple discipliné, engagé, prêt à servir Dieu sans réserve. Un soldat, dans la Bible, est celui qui veille, qui se tient prêt pour la mission, qui connaît la stratégie de son Maître et apprend à combattre non contre les hommes, mais contre les ténèbres, l'injustice, le mensonge. À la CERB, on comprend que cette vision implique la formation, la responsabilité, la transmission.

Dès lors, l'idée de former des soldats inspire toutes les initiatives. On réfléchit à l'organisation de séminaires, d'écoles bibliques, de temps de formation réguliers. L'accent est mis sur l'accompagnement spirituel : chaque nouveau membre doit être suivi, encouragé, équipé pour sa marche avec Dieu. Les pasteurs et anciens prennent à cœur de ne plus être seulement des prédicateurs, mais des formateurs de disciples.

La vision pousse aussi à repenser la place de chacun. Fini, le temps des spectateurs passifs ! Chacun a un rôle à jouer, une vocation à découvrir, un ministère à exercer. Les jeunes sont intégrés dans les équipes de louange, d'intercession, de logistique. Les femmes prennent davantage de responsabilités dans l'accueil, le suivi social, l'enseignement. On encourage les talents, on suscite les vocations, on croit que Dieu peut utiliser chaque vie pour sa gloire.

Mais la marche n'est pas sans épreuves. Certains s'interrogent : « Suis-je capable ? », « Ne suis-je pas trop faible, trop ignorant, trop blessé ? » C'est alors que le message de la vision prend toute sa force : ce n'est pas la perfection que Dieu demande, mais la disponibilité. Comme le dit l'apôtre Paul : « Quand je suis faible, c'est alors que je suis fort » (2 Corinthiens 12:10). À la CERB, on apprend à encourager les hésitants, à relever les découragés, à marcher ensemble, comme une vraie armée où personne n'est laissé derrière.

Peu à peu, la vision façonne l'identité collective. Les prédications s'orientent autour du combat spirituel, de la fidélité dans l'épreuve, de la constance dans la prière. On médite sur l'armure d'Éphésiens 6, sur la vie de Josué, sur le courage de David, sur l'humilité de Jésus. Les chants résonnent comme des hymnes de victoire, porteurs d'espérance et de détermination.

Spirituellement, cette saison est marquée par un réveil intérieur. Beaucoup témoignent d'une transformation profonde : des craintes tombent, des vocations s'affirment, des rivalités s'apaisent. On sent que Dieu est en train d'écrire une histoire nouvelle, faite de cohésion, de persévérance, de croissance. Les familles s'impliquent, les enfants grandissent dans cette culture du don, du service, de la prière.

La vision ne tarde pas à s'incarner dans des actes concrets. On organise les premiers cycles de formation pour les nouveaux croyants : fondements de la foi, vie de prière, service, évangélisation. Les anciens mettent en place des temps de mentorat. On encourage chaque membre à inviter un proche, à prier pour son quartier, à s'engager dans une action solidaire. La CERB devient un foyer de disciples engagés, prêts à se lever pour Dieu.

Et lorsque les difficultés surgissent – manque de moyens, critiques, incompréhensions –, on se rappelle la vision : « Un soldat ne se laisse pas distraire par les affaires de la vie civile, s'il veut plaire à celui qui l'a enrôlé » (2 Timothée 2:4). Les épreuves deviennent des occasions de s'affermir, de progresser, de s'unir encore davantage.

Ce chapitre de l'histoire de la CERB est un appel à chaque croyant : nous sommes tous appelés à devenir des soldats, non par nos propres forces, mais par la grâce de Dieu. La vision, une fois incarnée, change non seulement l'Église, mais la société tout entière, car elle fait de chaque vie un témoignage vivant de l'amour et de la puissance du Seigneur.

C'est ainsi que la CERB entre dans une nouvelle ère, où la vision reçue dans le secret devient la bannière de toute une communauté. L'aventure ne fait que commencer : Dieu va maintenant enseigner à son peuple à transmettre, à préparer la relève, à bâtir sur des bases solides et durables.

Chapitre 6

Le principe Jean-Baptiste : une succession divine

À mesure que la Communauté des Églises du Rocher (CERB) s'enracine dans sa vision nouvelle, une autre question fondamentale surgit : comment assurer la continuité, la croissance et la fidélité de l'œuvre, sans que tout repose sur les épaules d'un seul homme ? L'histoire de l'Église, au Burundi comme ailleurs, regorge de mouvements puissants qui, faute d'avoir su transmettre la flamme, se sont éteints avec leurs fondateurs. La CERB, forte de son expérience douloureuse de la séparation, ne veut pas tomber dans ce piège.

C'est dans ce contexte que Ferdinand Nduwindavyi, en méditant l'Évangile, reçoit une lumière nouvelle : la clé de la pérennité n'est pas dans le charisme du leader, mais dans le principe de Jean-Baptiste. L'histoire de la CERB, marquée par la douloureuse séparation d'avec Paul Kazadi, reste présente dans toutes les mémoires. Ce souvenir aiguise la lucidité de Ferdinand Nduwindavyi : si Dieu a confié une vision, ce n'est pas pour qu'elle s'arrête avec eux. Il faut penser au futur, transmettre, anticiper, préparer la relève. Mais comment ? Qui était Jean-Baptiste ? Un homme de feu, un prophète radical, mais surtout quelqu'un qui a su s'effacer pour que l'œuvre de Dieu se poursuive, même lorsque lui-même devait disparaître : « Il faut qu'il croisse, et que je diminue » (Jean 3:30).

Ce principe va profondément marquer la CERB. Dès les premiers enseignements, Ferdinand insiste : « Nous ne bâtissons pas sur un homme, mais sur la Parole. Le fondateur n'est qu'un maillon, un serviteur appelé à préparer la relève. Chacun doit être prêt à transmettre ce qu'il a reçu, sans s'attacher à son titre ni à sa position. » Ce message déroute d'abord, dans un contexte où le pouvoir, même spirituel, est souvent perçu comme un privilège à conserver jalousement. Mais la grâce de Dieu ouvre les cœurs.

La communauté s'organise alors pour que la succession ne soit pas un accident, mais un processus naturel, voulu, prié, accompagné. On commence par former de futurs responsables, non seulement sur le plan biblique et théologique, mais aussi dans l'humilité, la capacité à écouter, à discerner, à servir. Les pasteurs apprennent à déléguer, à faire grandir autour d'eux des hommes et des femmes capables de porter le flambeau. Chacun doit pouvoir dire, comme Paul à Timothée : « Ce que tu as appris de moi, confie-le à des hommes fidèles, qui soient capables aussi d'en instruire d'autres » (2 Timothée 2:2).

Le principe Jean-Baptiste devient un état d'esprit. On valorise la diversité des dons : prédication, louange, accueil, accompagnement, administration. Les jeunes sont encouragés à prendre la parole, à conduire la prière, à proposer des initiatives. On évite de s'attacher à un style unique, à une seule génération, à une culture fermée. La CERB se veut ouverte, en mouvement, capable d'accueillir la nouveauté de Dieu.

Spirituellement, ce choix porte du fruit. Moins crispée sur la figure du « grand homme », la communauté vit dans la liberté et la confiance. Les rivalités diminuent, les jalousies s'éteignent. On célèbre les passages de relais, non comme des pertes, mais comme des victoires. On comprend que, dans le Royaume, la grandeur se mesure à la capacité de faire place à l'autre, de préparer la génération suivante.

La succession divine, à la manière de Jean-Baptiste, n'est pas seulement une question d'organisation, c'est un acte de foi. Il s'agit de croire que le Dieu qui a commencé l'œuvre saura la faire croître, la renouveler, l'approfondir. Il s'agit aussi d'accepter, dans l'humilité, que chacun a son temps, sa mission, et que l'histoire de Dieu dépasse toujours nos propres histoires.

Au sein de la CERB, cette mentalité engendre une paix nouvelle. Les responsables ne craignent plus de perdre leur place, car ils savent qu'ils sont là pour servir, non pour dominer. Les jeunes n'attendent plus leur tour dans la frustration, car ils se sentent formés, reconnus, appelés, envoyés. Même les moments de transition – départs, changements de saison, mutations – sont vécus comme des grâces, des occasions de croissance et de renouvellement.

Ce chapitre de l'histoire du Rocher invite toute Église, toute œuvre, à réfléchir sur le sens vrai de la succession : non un passage de témoin précipité ou conflictuel, mais une transmission spirituelle, douce, féconde, où chacun apprend à s'effacer pour que le Christ croisse en tous. Le principe Jean-Baptiste, loin d'être une perte, devient alors la garantie de la fidélité, de la longévité, et de la paix.

La CERB, ayant posé ce fondement, est désormais prête à bâtir solidement. Il reste à définir les bases sur lesquelles reposeront sa croissance et son rayonnement. C'est ce que Dieu va révéler, étape après étape, à travers ce que la communauté appellera : les cinq piliers.

Ce principe, simple en apparence, est révolutionnaire dans un contexte où la figure du « prophète fondateur » est souvent sacralisée. Dans le paysage ecclésial africain, et même ailleurs, combien d'œuvres se sont effondrées faute d'avoir su préparer la succession ? Derrière les rivalités, les divisions, les chutes, il y a souvent une incapacité à accepter le temps du passage, à valoriser l'autre, à transmettre sans crainte de disparaître.

Ferdinand partage cette réflexion avec ses proches. Il explique que la fidélité à la vision passe par la capacité à former, à déléguer, à discerner les nouveaux appels. Il insiste : « Nous sommes tous de passage dans la mission. Même le plus grand des pasteurs n'est qu'un serviteur parmi d'autres. Ce n'est pas à nous de posséder l'œuvre, mais à Dieu. » Ce discours, humble, désarme les ambitions personnelles et invite chacun à l'humilité.

Ainsi, dans l'histoire de la CERB, la transmission du flambeau n'a jamais été laissée au hasard. Inspirée par l'exemple du précurseur Jean-Baptiste, la communauté a compris que toute succession véritable naît d'un processus patient, humble et structuré, où chacun apprend à s'effacer pour laisser la place à l'autre.

Le principe Jean-Baptiste, tel qu'il a été vécu et enseigné au sein de la CERB, repose sur quatre étapes essentielles qui, une fois assimilées, instaurent une véritable dynamique de croissance et de renouvellement. Ces étapes — « Je travaille et tu regardes », « Je travaille et tu m'aides », « Tu travailles et je t'aide », et enfin « Tu travailles en plein temps » — forment un cycle qui se répète sans cesse, garantissant la vitalité et la pérennité de la communauté. Chacune de ces étapes est une école, un laboratoire où se transmettent non seulement des compétences, mais aussi l'esprit, la vision et les valeurs qui fondent la mission de l'Église.

La première étape, « Je travaille et tu regardes », pose les fondations essentielles d'une succession réussie. C'est un moment de contemplation active, où l'apprenant est placé dans la posture de l'observateur attentif. Ici, le mentor – qu'il soit leader, responsable de ministère ou doyen d'expérience – prend l'initiative et porte la charge de l'action quotidienne. Il ne s'agit pas seulement de montrer ce qu'il fait, mais d'inviter le futur successeur à plonger dans la réalité concrète du service, en observant minutieusement chaque détail. À travers cette présence discrète, l'apprenant commence à comprendre les rouages du rôle, à voir comment les décisions sont prises, comment les difficultés sont affrontées, comment les réussites sont célébrées ou partagées. Cette immersion silencieuse permet d'absorber l'ambiance, le rythme, les codes implicites du groupe ou de la mission, offrant ainsi une compréhension profonde et globale du terrain.

Dans ce compagnonnage silencieux, l'observation ne se limite pas à l'aspect technique ou visible des tâches. Elle vise à pénétrer le pourquoi des gestes, à saisir l'intention derrière chaque action, à discerner les valeurs et la vision qui sous-tendent le travail accompli. L'apprenant découvre ainsi comment le mentor gère les conflits, encourage les découragés, célèbre les petites victoires, ou réagit face aux obstacles et à l'imprévu. Il observe les attitudes de patience, d'humilité, de persévérance, de foi dans l'épreuve. Il apprend à voir au-delà des apparences : ce n'est pas seulement ce qui est fait qui compte, mais la manière d'être, le souffle intérieur qui anime le service. Souvent, ce sont dans les détails – un sourire, une écoute attentive, une parole discrète – que se révèle la véritable sagesse et la maturité du leader.

Pour le mentor, cette étape requiert une grande authenticité. Il ne s'agit pas de jouer un rôle idéalisé ou de masquer ses faiblesses ; au contraire, il accepte d'être vu tel qu'il est, avec ses forces mais aussi ses limites. Ce choix de transparence favorise l'émergence d'un climat de confiance. L'apprenant sent qu'il peut observer sans crainte de jugement, poser des questions, s'étonner ou s'interroger. Ce temps d'observation tisse la première trame de la relation de succession : la vocation du successeur peut alors s'éveiller, stimulée par l'exemple vivant d'un aîné qui accepte de se livrer, de transmettre plus qu'un savoir-faire : une posture, un esprit, une manière d'habiter la mission. Ainsi, loin d'être passif, ce premier principe est un acte fondateur, où s'enracine la solidarité entre générations et se prépare, dans le silence de l'apprentissage, la fécondité de la relève.

La deuxième étape, « Je travaille et tu m'aides », marque un tournant décisif dans le processus de transmission. Après le temps de l'observation, l'apprenant est maintenant sollicité pour entrer en action et s'investir concrètement dans la mission. Il ne s'agit pas encore de lui confier l'entièreté des responsabilités, mais de l'inviter à poser ses premiers gestes, à s'essayer, à collaborer de manière active. Sous l'œil attentif du mentor, il participe à la planification, à la mise en œuvre ou à la résolution de problèmes, tout en bénéficiant d'un cadre sécurisant. Cette immersion pratique permet à l'apprenant de percevoir la réalité du terrain : la gestion des imprévus, la complexité des relations humaines, la nécessité de l'adaptation. En s'engageant, il découvre que le service n'est pas seulement une affaire de principes ou de valeurs, mais aussi de décisions concrètes, parfois difficiles, où la théorie doit se confronter à la vie réelle.

Dans cette phase, le rôle du mentor prend une dimension nouvelle. Il ne s'agit plus simplement de montrer l'exemple, mais de créer les conditions favorables pour que l'apprenant puisse agir, expérimenter, parfois se tromper, tout en étant accompagné. Le mentor apprend à déléguer, à donner des responsabilités progressives, à encourager l'initiative. Il observe avec attention, corrige avec discernement, et surtout valorise chaque effort, chaque question, chaque prise de risque. Cette posture bienveillante est essentielle : elle permet à l'apprenant de développer sa confiance en lui, de sentir qu'il a le droit d'apprendre à son rythme, et que l'erreur fait partie du chemin. Le mentor devient alors un tuteur de croissance, un soutien discret mais présent, qui aide à transformer les hésitations et les maladresses en occasions d'apprentissage et de progrès.

Ce temps de collaboration active est aussi celui où naît véritablement le sentiment d'appartenance à une mission commune. Le « je » du mentor et le « tu » de l'apprenant se transforment progressivement en un « nous » solidaire, où chacun trouve sa place et son utilité. Les défis sont partagés, les victoires célébrées ensemble, et les obstacles affrontés à deux. C'est ainsi que le bâton de relais commence à s'esquisser : l'apprenant découvre la joie de l'engagement, la satisfaction de la contribution, et le poids de la responsabilité partagée. Par ce compagnonnage dans l'action, la transition se prépare en douceur, dans la confiance et le respect mutuel, posant les bases d'une succession harmonieuse où le mentor et l'apprenant avancent ensemble vers un objectif commun.

La troisième étape, « Tu travailles et je t'aide », représente un basculement fondamental dans la dynamique de succession. Le mentor passe alors du rôle de guide principal à celui d'accompagnateur en retrait ; c'est l'apprenant qui prend désormais les commandes du projet ou de la mission. Ce changement de perspective demande au mentor une réelle humilité et une confiance profonde dans la capacité de son successeur. Il s'agit de lui laisser l'espace nécessaire pour s'affirmer, prendre des décisions, initier de nouvelles méthodes, assumer la direction et la responsabilité principale. Le mentor reste toutefois vigilant et disponible, prêt à intervenir en cas de besoin, mais veille à ne pas s'imposer ni à reprendre la place centrale. C'est un acte de foi : croire que la transmission a porté ses fruits, et que l'autre est prêt à entrer dans sa propre vocation de leader.

Pour l'apprenant, cette nouvelle posture est à la fois exaltante et exigeante. Il découvre la liberté d'agir selon sa conscience, de mettre en œuvre ses idées, mais aussi le poids de la responsabilité, la nécessité de gérer les imprévus, la solitude parfois inhérente au leadership. C'est un temps de confrontation à la réalité : les succès sont plus gratifiants, mais les erreurs ou les échecs sont aussi plus visibles et plus lourds à porter. L'apprenant apprend alors à mesurer l'impact de ses choix, à assumer ses décisions et à tirer des leçons de ses expériences, positives ou négatives. Il réalise qu'être leader, ce n'est pas seulement diriger, mais aussi savoir demander conseil, solliciter de l'aide, reconnaître ses limites et s'ouvrir à la correction. Dans cette étape, la relation de confiance avec le mentor est déterminante : elle permet à l'apprenant de grandir sans craindre de jugement, de s'appuyer sur un soutien bienveillant tout en forgeant son indépendance.

Cette phase est souvent la plus délicate du processus de succession, car elle met à l'épreuve la maturité de chacun. Le mentor doit résister à la tentation naturelle de reprendre la main face aux difficultés de l'apprenant, tandis que ce dernier doit dépasser la peur de l'échec et accepter pleinement la charge du leadership. C'est au cœur de cette tension créatrice que se révèlent les vrais leaders : ceux qui savent porter la vision reçue tout en restant ouverts à l'expérience des aînés, capables d'innover sans renier l'héritage, et de bâtir en profondeur une communauté ou une équipe. C'est dans ce dialogue entre autonomie et accompagnement que la succession devient féconde, que la mission se renouvelle, et que la dynamique du « Tu travailles et je t'aide » prépare la relève à son tour, à devenir mentor pour une nouvelle génération.

La dernière étape, « Tu travailles en plein temps », marque l'aboutissement du processus de succession et consacre la maturité du successeur. Désormais, l'apprenant est pleinement autonome : il porte la mission avec assurance, prend des décisions de façon indépendante et façonne sa propre manière d'agir et de servir. Cette autonomie ne signifie pas l'isolement ; bien au contraire, elle permet au nouveau leader d'exprimer sa créativité, d'adapter l'œuvre reçue aux défis actuels et d'y imprimer son empreinte personnelle. Il ne s'agit plus de reproduire à l'identique ce qui a été transmis, mais d'assumer l'héritage tout en l'inscrivant dans une dynamique de renouveau. Cette confiance accordée au successeur, loin d'être un abandon, est un acte de foi : foi en Dieu qui accompagne chaque étape, foi en la capacité de l'autre à porter la vision plus loin, avec ses talents, ses convictions et sa sensibilité propre.

Pour le mentor, cette étape est aussi un temps de libération et de transmission accomplie. Libéré de la charge formelle du leadership, il peut se retirer avec sérénité, sachant que le flambeau est entre de bonnes mains. Ce retrait n'est pas une rupture, mais une nouvelle forme de présence, discrète et bienveillante, disponible si besoin, mais sans interférer dans la conduite du nouveau responsable. Le mentor devient alors témoin de la croissance de son successeur, spectateur heureux des fruits portés par celui qu'il a accompagné. Ce passage de relais est source de joie profonde, car il témoigne de la fécondité de la transmission : voir l'œuvre continuer, se transformer, s'enrichir d'apports nouveaux est la plus belle récompense pour celui qui a su s'effacer au bon moment.

Mais dans l'esprit du principe Jean-Baptiste, cette phase n'est jamais une fin en soi : elle ouvre au contraire la porte à un nouveau cycle. Le successeur, à peine devenu pleinement acteur, est appelé à devenir à son tour formateur, accueillant de nouveaux compagnons de route, leur transmettant l'expérience acquise, et veillant à ce que la chaîne de la succession ne soit jamais rompue. Ainsi, la communauté reste vivante, dynamique, fidèle à ses racines tout en s'ouvrant sans cesse à l'avenir. La succession divine, loin d'être une simple passation de pouvoir, s'affirme comme un mouvement continu d'entraide, de croissance, d'apprentissage mutuel, où chacun, tour à tour, est héritier et passeur, serviteur et leader, disciple et maître, à l'image du Christ et de ses disciples. C'est cette dynamique qui assure la vitalité et la pérennité de la mission, génération après génération.

Formation intentionnelle et continue

La formation des responsables s'impose aujourd'hui comme l'une des priorités majeures de la communauté. Consciente que le renouveau et la pérennité de la mission passent par des leaders solides et enracinés, la CERB élabore des parcours structurés spécifiquement conçus pour accompagner la montée en compétence des futurs responsables. Ces itinéraires ne se limitent pas à l'acquisition de connaissances théoriques : ils proposent des études bibliques approfondies, allant au-delà d'une simple lecture pour permettre une véritable appropriation spirituelle et intellectuelle de la Parole. À travers des sessions régulières, chacun est invité à explorer le sens profond des textes, à dialoguer avec leurs implications dans le contexte actuel, et à en tirer des orientations concrètes pour la conduite de la communauté.

Mais la formation ne s'arrête pas là. Elle inclut également des modules pratiques sur l'écoute active, la gestion des conflits, et l'accompagnement des nouveaux membres. Ces compétences humaines sont jugées tout aussi essentielles que les savoirs théologiques : elles permettent d'accueillir la diversité des parcours, de résoudre les tensions de manière constructive et d'intégrer chaque personne dans la vie communautaire. Les futurs leaders apprennent à reconnaître les signes de souffrance ou de lassitude, à dialoguer avec bienveillance, à apaiser les divisions et à favoriser une atmosphère de confiance et de respect mutuel. L'accent est ainsi mis sur la dimension relationnelle du leadership, qui doit être au service de l'édification commune.

Un autre volet important de ces parcours est la formation à la gouvernance partagée. La CERB encourage ses responsables à sortir d'une vision hiérarchique ou autoritaire du pouvoir : il s'agit d'apprendre à déléguer, à consulter, à prendre les décisions de manière collégiale et à valoriser les talents de chacun. Des ateliers sont organisés pour réfléchir à l'art de travailler en équipe, à la gestion de projets collectifs, et à la mise en place de mécanismes transparents de reddition de comptes. Cette gouvernance partagée vise à prévenir les dérives individualistes et à garantir que chaque voix puisse être entendue, pour un discernement communautaire plus juste et plus fécond.

Enfin, la formation des responsables accorde une place centrale à l'intériorité et à la croissance dans l'humilité. Il est vivement recommandé à chaque futur leader de pratiquer régulièrement l'examen de conscience, la remise en question et la prière personnelle. Des temps de retraite, de silence ou d'accompagnement spirituel sont prévus pour permettre à chacun de sonder ses motivations, d'identifier ses fragilités, et de s'ouvrir à la conversion intérieure. Car la véritable autorité, dans l'esprit de la CERB, ne vient pas de l'accumulation de compétences, mais d'un chemin d'humilité, d'écoute de Dieu et du prochain, et de service désintéressé. Cette exigence de formation intégrale assure que les responsables seront non seulement compétents, mais aussi profondément humains, enracinés dans la foi et capables de guider la communauté avec sagesse, discernement et amour.

Multiplication des responsabilités

Dans la dynamique nouvelle insufflée au sein de la communauté, la répartition des tâches devient un principe fondamental. Il n'est plus question que quelques personnes seulement portent tout le poids des responsabilités ou que certaines fonctions soient accaparées par une poignée d'individus. Les rôles autrefois concentrés – qu'il s'agisse des cultes, de la prédication, des visites aux malades, de l'administration ou encore de l'organisation des événements – sont désormais partagés entre un plus grand nombre de membres. Cette diversification des engagements permet à chacun de découvrir ses dons, de les mettre au service de l'ensemble, et d'enrichir la vie communautaire par la variété des talents et des approches.

Cette organisation collective s'appuie sur une conviction profonde : il faut veiller à ce que personne ne devienne indispensable. L'objectif n'est pas de créer des figures intouchables ou irremplaçables, mais d'éviter toute dépendance malsaine qui mettrait en péril l'équilibre du groupe en cas d'absence ou de départ. En encourageant la participation de tous, la communauté s'assure que chaque mission, chaque service, puisse continuer sans heurt, quels que soient les changements de personnes. Chacun sait qu'il compte, mais aussi que l'œuvre ne repose jamais sur une seule épaule. On apprend ainsi à déléguer, à transmettre, à faire confiance et à soutenir ceux qui prennent la relève.

Dans ce modèle, la responsabilisation collective prend tout son sens. Chaque membre est invité à s'approprier une part de la mission commune : non pour briller individuellement, mais pour contribuer à la solidité et à la vitalité du corps tout entier. La gestion d'un culte, l'accompagnement d'une famille en difficulté, la préparation d'un événement ou la tenue des comptes deviennent des occasions d'apprentissage et d'engagement pour tous. Chacun se sent valorisé dans ses actions, encouragé à progresser et redevable envers le groupe. Cette circulation des responsabilités développe la confiance mutuelle, l'esprit d'équipe et la créativité.

Ainsi, la communauté s'enrichit non seulement sur le plan organisationnel, mais aussi sur le plan humain et spirituel. Lorsque chaque tâche est partagée, la tentation de l'épuisement ou de la monopolisation disparaît, laissant place à un dynamisme nouveau. Ce mode de fonctionnement favorise la solidarité, la formation de nouveaux leaders, et garantit que la mission poursuivie ne dépendra jamais des seules forces de quelques-uns, mais de la mobilisation et de la fidélité de tous. C'est dans cette coresponsabilité que la communauté trouve sa force, sa pérennité et sa capacité à traverser les défis de l'avenir.

Mentorat et compagnonnage

Au sein de la communauté, le mentorat et le compagnonnage occupent une place centrale dans la transmission de la foi et la formation des nouveaux serviteurs. Chaque leader, chaque pasteur, est encouragé à accompagner un ou plusieurs plus jeunes, non seulement dans les tâches pratiques du service, mais surtout dans leur cheminement personnel avec Dieu. Il s'agit d'aller bien au-delà de la simple délégation d'activités : l'objectif n'est pas de former de simples exécutants, mais de véritables héritiers spirituels, capables à leur tour de discerner les appels de Dieu et de prendre des initiatives selon les besoins de la communauté.

Ce compagnonnage prend de multiples formes, souvent très concrètes. Les anciens prennent le temps de s'asseoir avec les nouveaux venus, de les écouter, de répondre à leurs questions, et surtout de partager, sans fard, les leçons tirées de leurs propres parcours. Ils relatent les succès, sources d'encouragement et de confiance, mais aussi les échecs, qui deviennent autant d'occasions d'apprendre, de grandir et de s'ancrer dans une humilité féconde. Cet échange intergénérationnel tisse des liens forts, bâtis sur la confiance et le respect mutuel, et permet aux plus jeunes de trouver des repères pour avancer à leur tour avec assurance.

Dans cette dynamique, le mentorat ne se limite pas à un transfert unidirectionnel de savoir ou d'expérience. Il s'agit d'une relation vivante, où l'ancien et le nouveau grandissent ensemble, chacun apprenant de l'autre. Les plus jeunes apportent leur enthousiasme, leur regard neuf, parfois leurs questionnements dérangeants, tandis que les plus anciens offrent la sagesse du vécu et la profondeur de leur engagement. Ce va-et-vient constant revitalise la communauté, lui permet de rester à la fois enracinée dans son héritage et ouverte aux appels nouveaux de l'Esprit.

Ainsi, le compagnonnage devient l'un des piliers du renouvellement de la communauté. Il instaure une culture où personne n'avance seul, où chaque étape du chemin est partagée et soutenue par la fraternité. Les fruits de ce mentorat se voient non seulement dans la croissance individuelle des membres, mais aussi dans la qualité du témoignage collectif de l'Église, qui se transmet de génération en génération avec fidélité et créativité.

Culture de l'humilité et du détachement

Au cœur de la communauté, un enseignement fondamental est sans cesse rappelé : la véritable grandeur dans le Royaume de Dieu ne réside pas dans le fait de régner, mais dans celui de servir. Cette conviction imprègne toutes les dimensions de la vie collective. Les responsables, loin d'être élevés sur des piédestaux, sont considérés avant tout comme des serviteurs parmi les autres, appelés à donner l'exemple par leur humilité, leur disponibilité et leur capacité à s'effacer pour faire grandir les autres. Il n'est pas question de cultiver des attitudes de supériorité ou de distance ; bien au contraire, chacun est encouragé à se souvenir que le leadership authentique consiste à se mettre au service de tous, à la manière du Christ qui a lavé les pieds de ses disciples.

Ce principe de service se traduit aussi dans la manière de vivre les transitions et les passages de relais. Lorsque vient le temps pour un responsable de quitter sa fonction, la communauté ne le considère pas comme une perte ou un abandon, mais comme une étape naturelle et féconde. On célèbre alors ce départ, on bénit celui ou celle qui s'en va, reconnaissant la fécondité de son engagement et confiant la suite à la providence. De même, l'arrivée de nouveaux membres ou de nouveaux leaders est accueillie avec gratitude et enthousiasme : chacun est invité à faire place, à encourager, à soutenir ceux qui commencent un nouveau service. Cette culture de la transition fête la diversité des parcours, valorise la transmission et évite l'attachement malsain aux personnes ou aux postes.

Dans cette dynamique, il est essentiel de reconnaître que la jalousie et la compétition peuvent parfois surgir, même dans les milieux les plus fraternels. Loin d'ignorer ces réalités, la communauté choisit de les nommer, de les regarder en face et de les affronter avec honnêteté. Lorsque des rivalités ou des incompréhensions apparaissent, elles sont abordées dans un esprit de prière et de dialogue : on écoute les blessures, on cherche l'origine des tensions, on demande pardon et on prie ensemble pour la guérison. Ce travail d'assainissement intérieur et collectif est indispensable pour préserver l'unité et la paix. Ainsi, en refusant la logique des hiérarchies humaines et en privilégiant l'esprit de service, la communauté devient un lieu où chacun peut grandir en liberté, en confiance et en fraternité, à la suite du Christ qui a fait de l'amour et de l'humilité la marque de son Église.

Les défis de la succession

Mettre en pratique le principe Jean-Baptiste n'est pas un chemin sans obstacles. Dans la réalité du terrain, il demeure des réticences et des peurs, tant du côté des responsables en place que des membres plus jeunes de la communauté. Certains responsables, attachés à leur fonction ou inquiets de perdre leur autorité, peuvent résister consciemment ou inconsciemment au partage du pouvoir et à la délégation des responsabilités. Ils redoutent que le changement n'entraîne une perte de contrôle, une dilution de leur influence, ou même une remise en cause de leur légitimité. Cette peur est souvent accentuée par le sentiment d'avoir bâti l'œuvre à la force du poignet, et de voir en la succession une menace pour l'héritage patiemment construit. Pour d'autres, la difficulté réside dans la crainte que les jeunes manquent de maturité, de fidélité, ou de vision : l'idée de transmettre à la génération suivante s'accompagne alors d'une inquiétude, celle de voir la mission déviée ou affaiblie.

Les jeunes eux-mêmes ne sont pas à l'abri du doute. Malgré leur enthousiasme ou leur désir d'engagement, beaucoup hésitent à franchir le pas, se sentant trop inexpérimentés, illégitimes, ou mal préparés à porter de telles responsabilités. Le poids de l'histoire, la figure tutélaire des anciens, ou simplement le vertige de l'inconnu peuvent les freiner dans leur élan. Il arrive ainsi que la tentation de personnaliser l'œuvre ressurgisse, surtout dans les moments de crise ou d'incertitude : la communauté se surprend alors à penser ou à dire : « Sans untel, rien ne tiendra ! » ou « Qui pourrait remplacer une telle force de caractère, une telle expérience ? ». Ces moments de fragilité révèlent à quel point il est tentant de croire que la pérennité de la mission dépend de la seule présence de quelques figures charismatiques ou de la stabilité d'une génération.

Pour surmonter ces défis, la communauté est appelée à un acte de foi renouvelé. Elle apprend à faire confiance à Dieu plus qu'aux personnes, à s'appuyer sur la promesse que l'œuvre ne repose pas sur des individus, mais sur la fidélité du Seigneur qui suscite sans cesse de nouveaux ouvriers. Ensemble, on relit les grandes histoires bibliques de la succession : Moïse qui confie le peuple à Josué, Élie qui transmet son manteau à Élisée, Jésus qui envoie ses disciples en mission. À chaque fois, le passage de relais ne signifie pas la fin de l'œuvre, mais son approfondissement, son renouvellement, sa multiplication. Lorsque des hommes et des femmes acceptent de transmettre, de bénir, de laisser partir, ils deviennent les instruments d'une fécondité qui dépasse leur propre histoire. Ainsi, la communauté découvre dans la succession non pas une perte, mais une promesse : celle que l'œuvre de Dieu continue, grandit et se transforme, portée par la confiance, l'audace et l'humilité de chacun.

Impact spirituel

Ce choix radical de mettre en œuvre le principe Jean-Baptiste porte des fruits visibles et durables au sein de la CERB. La communauté devient un véritable lieu de croissance continue, un espace où chacun est invité non seulement à recevoir, mais aussi à donner à son tour ce qu'il a reçu. Les transitions, autrefois source de tensions ou d'angoisses, se vivent désormais dans la paix et la confiance. Elles sont marquées par la reconnaissance mutuelle et la prière, chaque passage de relais étant l'occasion de célébrer ce qui a été accompli et d'accueillir avec espérance la nouveauté qui s'annonce. Les membres apprennent à ne plus s'attacher à un style particulier, à une génération ou à un nom, mais à centrer leur fidélité sur la présence de Dieu et sur la mission commune qui les rassemble. Cette liberté intérieure permet à la communauté de rester souple, ouverte et profondément enracinée dans l'essentiel.

L'application de ce principe libère également une créativité nouvelle. Parce que chacun se sent encouragé, reconnu et investi d'une mission, de nouveaux projets voient le jour. Des initiatives surgissent, portées par des membres qui, autrefois en retrait, osent désormais proposer, inventer, s'engager. L'audace est valorisée, les idées sont accueillies avec bienveillance, et la diversité des talents devient une richesse pour tous. Ainsi, la communauté se renouvelle sans cesse, évitant la sclérose, le repli sur des habitudes figées ou l'essoufflement qui guette toute organisation fermée sur elle-même. La vitalité qui en découle est perceptible dans la qualité des relations, la variété des actions, et l'enthousiasme partagé à servir ensemble.

Enfin, le rayonnement de la CERB dépasse bientôt ses propres frontières. La communauté devient un témoignage vivant pour d'autres églises du Burundi et de la région. Des responsables, curieux ou en quête d'inspiration, viennent observer ce qui se vit à la CERB, posent des questions, demandent conseil. Ils découvrent une culture de la transmission et de la succession paisible, où le passage de témoin se fait sans heurt, dans la confiance et la joie. Beaucoup repartent encouragés, porteurs du désir d'introduire à leur tour ce souffle nouveau dans leur propre communauté. Ainsi, la CERB ne se contente pas de se renouveler pour elle-même : elle devient un signe, un modèle, une source d'espérance pour tout le tissu ecclésial environnant, semant les germes d'une Église toujours plus vivante, fraternelle et fidèle à l'esprit du Christ.

Ce chapitre interpelle chaque lecteur, chaque responsable, chaque croyant : bâtissons-nous sur nous-mêmes, ou sur la Parole ? Préparons-nous la suite, ou craignons-nous l'avenir ? Avons-nous le courage de dire, comme Jean-Baptiste, « Il faut que je diminue » pour que l'œuvre de Dieu croisse ?

L'histoire de la CERB montre qu'une communauté qui ose la succession divine, dans l'humilité et la confiance, s'inscrit dans la durée et la fécondité. Elle devient non pas un monument figé, mais une famille vivante, toujours prête à accueillir l'inattendu de Dieu.

Le socle est posé. Il reste à bâtir sur des fondations solides, à structurer la vie communautaire autour de principes forts et durables. C'est ce que Dieu va inspirer à Ferdinand au fil des années, à travers ce qu'on appellera bientôt : **les cinq piliers**.

Chapitre 7

Les cinq piliers, fondations inébranlables

Chaque vision, aussi inspirée soit-elle, a besoin de structures pour durer. Comme une maison bâtie sur le roc, la Communauté des Églises du Rocher comprend vite que la ferveur initiale et l'enthousiasme des débuts ne suffisent pas. Il faut des fondations stables, des repères clairs, un socle qui permette à chaque génération de rester fidèle à l'appel reçu, même lorsque les circonstances changent, même lorsque les visages se succèdent. C'est dans la prière, la méditation de la Parole et le partage communautaire que Ferdinand discerne encore ce que Dieu veut comme base pour l'œuvre : cinq piliers, cinq axes essentiels, à la fois simples et profonds, qui vont façonner l'identité de la CERB pour les décennies à venir.

Aucune construction ne résiste au temps, aux tempêtes et aux épreuves si elle ne repose sur des fondations solides. Une Église, à plus forte raison, ne saurait durer et porter du fruit sans s'appuyer sur des piliers éprouvés, qui traversent les modes et les générations. Pour la CERB, l'expérience récente l'a fortement confirmé : le renouveau authentique ne tient pas seulement à des méthodes ou des structures, mais à la fidélité à cinq piliers essentiels qui constituent l'ossature même de la vie chrétienne. Ce chapitre propose d'explorer ces cinq fondations inébranlables, en montrant leur portée, leur richesse, et la manière concrète dont elles structurent l'Église et le disciple.

La Parole de Dieu authentique

Le premier et le plus fondamental des piliers de la vie de la CERB est la centralité de la Parole de Dieu, authentique, vivante, fidèle à l'Écriture. Rien ne remplace la puissance transformatrice de la Bible : elle éclaire, corrige, inspire et façonne le croyant et la communauté. Le renouveau commence toujours par un retour à la source : entendre, étudier, méditer et mettre en pratique la Parole.

À la CERB, la Parole de Dieu ne se limite pas à un texte lointain ou à une tradition figée. Elle est proclamée avec force, expliquée avec rigueur, partagée dans les groupes de maison, approfondie lors des études bibliques. Les prédicateurs et enseignants sont formés à la fidélité au texte, refusant les compromis, les lectures déformées ou les manipulations. La Parole devient un miroir qui révèle la vérité de chaque cœur, un feu qui purifie, un guide sûr dans la confusion. Elle nourrit la foi individuelle et communautaire, éclaire les choix difficiles, rappelle la grandeur de la mission et l'humilité du service.

Dans les moments de crise, la Parole a été le refuge : "Ta parole est une lampe à mes pieds, une lumière sur mon sentier" (Psaume 119:105). Dans les temps de joie, elle a été la semence de l'action de grâce. L'engagement de la CERB reste clair : jamais la communauté ne sacrifiera la fidélité à la Parole au profit de la popularité ou de la facilité. C'est là sa première fondation, son roc.

La Parole de Dieu est la lumière du croyant (Psaume 119:105). Jésus lui-même enseignait sans cesse, et envoyait ses disciples « faire des nations des disciples, les enseignant à garder tout ce que je vous ai prescrit » (Matthieu 28:20). Paul exhortait Timothée à « prêcher la Parole, à temps et à contretemps » (2 Timothée 4:2).

À la CERB, l'enseignement biblique prend plusieurs formes : les écoles du dimanche pour les enfants, où les histoires bibliques sont racontées avec des activités ludiques. Les classes de fondation pour les nouveaux convertis, couvrant les bases de la foi, la vie chrétienne, le baptême, la communion. Les séminaires thématiques (mariage, gestion des conflits, leadership chrétien, finances selon la Bible, etc.). les cours pour les leaders : étude des langues bibliques, herméneutique, histoire de l'Église.

Des supports écrits sont produits localement : petits livrets, recueils de méditations, guides de lecture biblique annuelle. Les pasteurs sont encouragés à se former en continu, à participer à des retraites théologiques, à lire des ouvrages de référence.

L'enseignement évite les dérives sectaires ou les fausses doctrines. Il permet aux membres de répondre aux questions de leur entourage, de résister aux séductions du monde, de progresser en maturité. Il suscite des vocations : certains découvrent un appel à l'enseignement, à la prédication, à la recherche biblique.

Toutefois, la diversité des niveaux scolaires (certains membres ne savent ni lire ni écrire) oblige à adapter l'enseignement : recours à l'oralité, au théâtre biblique, à la mémorisation collective. L'accès aux livres et à internet reste un défi en zone rurale : la communauté investit dans l'achat de Bibles, de manuels, de supports audios.

La louange et l'adoration

Le deuxième pilier est la louange et l'adoration, cœur battant de la vie communautaire. Là où la Parole nourrit l'intelligence et la volonté, la louange ouvre le cœur à la présence de Dieu, relie l'assemblée à la transcendance, rappelle que tout commence et s'achève dans la gratitude et la reconnaissance. Pour la CERB, la louange n'est pas un simple moment musical ou une parenthèse émotionnelle : elle est un acte de foi, un choix d'orienter toute la vie vers Dieu, de proclamer Sa souveraineté, Sa bonté, Sa fidélité.

La louange rassemble, unit, traverse les barrières sociales et générationnelles. Elle se vit dans la simplicité ou la solennité ; elle accompagne les moments forts, soutient dans l'épreuve, exalte dans la joie. Les chants, les psaumes, les instruments, les danses, les silences habités : tout concourt à faire de la louange un espace où Dieu se révèle, où l'homme s'abandonne, où l'Église est renouvelée.

Mais la vraie adoration va au-delà des mots et de la musique. Elle engage la vie entière : "Offrez vos corps comme un sacrifice vivant, saint, agréable à Dieu : c'est là le culte spirituel que vous devez rendre" (Romains 12:1). L'adoration, pour la CERB, c'est aussi le service, le pardon, l'engagement dans la justice, le respect de la création. Ainsi, la louange devient le souffle même de la mission.

La prière fervente

Troisième pilier : la prière fervente, individuelle et communautaire. Si la Parole instruit et la louange élève, la prière relie, supplie, intercède, écoute. L'Église qui prie est une Église vivante, humble, ouverte à la volonté de Dieu. Pour la CERB, la prière est un combat, un acte d'humilité, une respiration quotidienne.

La prière se décline sous toutes ses formes : prière personnelle dans le secret de la chambre, prière communautaire dans les cultes, veillées de prière, chaînes d'intercession, jeûnes collectifs. C'est dans la prière que les décisions se prennent, que les conflits se dépassent, que les malades sont portés, que les directions de l'Esprit sont discernées.

L'expérience de la CERB l'a prouvé maintes fois : sans prière, l'ardeur s'éteint, la mission s'essouffle, l'unité se fissure. Mais lorsqu'une Église prie, même dans la faiblesse, Dieu agit. Les témoignages abondent de situations désespérées retournées par la prière, de cœurs endurcis ouverts, de miracles petits et grands. “Priez sans cesse” (1 Thessaloniciens 5:17) : tel est le mot d’ordre, la source intarissable.

La prière est au cœur de l’expérience biblique, depuis Abraham jusqu’à Jésus et ses apôtres. Jésus lui-même priait régulièrement, enseignait la prière (Matthieu 6:9-13) et encourageait ses disciples à persévérer dans l’intercession (Luc 18:1). Les premiers chrétiens « persévéraient dans la prière » (Actes 2:42).

À la CERB, la prière n’est pas seulement une activité liturgique : elle est vécue comme un mode de vie. Des réunions de prière matinales sont instaurées, parfois dès 5h du matin, où des dizaines de membres se retrouvent avant d’aller travailler. Les veillées de prière, souvent le vendredi soir, rassemblent la communauté autour de thèmes spécifiques : guérison, unité, paix pour la nation, protection des familles.

Des chaînes d’intercession sont organisées : chaque membre reçoit une intention à porter dans la semaine. Pour les situations urgentes (maladie grave, crise familiale, persécution), des groupes de jeûne et prière sont mobilisés, parfois sur plusieurs jours.

La prière soude la communauté, maintient l’humilité et alimente la foi. Beaucoup de membres témoignent avoir vu Dieu agir concrètement : délivrances, réconciliations familiales, portes ouvertes pour l’emploi ou les études. Elle devient un lieu d’écoute : on n’y vient pas seulement pour demander, mais pour recevoir la direction de Dieu, discerner la volonté divine, entendre des paroles prophétiques.

Cependant, au fil du temps, la routine peut gagner : certains se relâchent, d’autres viennent par habitude. Les responsables veillent à renouveler les formes : prière guidée, silence, louange, lectures méditées, actions de grâce. Ils insistent sur la qualité du cœur, la sincérité, plus que sur la quantité de mots.

La communion fraternelle

Quatrième pilier : la communion fraternelle, ce tissu vivant qui relie les membres du corps du Christ. La vie chrétienne ne se vit jamais en solitaire. La CERB a redécouvert la puissance de la fraternité : accueil, partage, écoute, soutien, correction fraternelle, réconciliation. La communion se construit dans la simplicité des relations, l'hospitalité, le souci des plus faibles.

Les petits groupes, les cellules de maison, les retraites, les moments festifs, autant d'occasions de tisser des liens, de porter les fardeaux les uns des autres, de vivre la diversité comme une richesse. La fraternité se manifeste aussi dans la transparence, le pardon, la capacité à affronter les conflits avec vérité et amour.

La pandémie, les crises sociales, les deuils et les épreuves ont révélé la force de cette communion : aucun membre ne doit se sentir isolé. L'Église devient alors famille, refuge, espace de croissance. "Voyez comme ils s'aiment" : ce témoignage, jadis donné aux premiers chrétiens, doit résonner à nouveau dans chaque communauté de la CERB.

« Voyez comme ils s'aiment » : c'est par l'amour fraternel que les premiers chrétiens se distinguaient (Jean 13:35). Paul décrit l'Église comme un corps où chaque membre est indispensable (1 Corinthiens 12). La vie communautaire est au cœur des Actes des Apôtres : partage des biens, repas, entraide.

A la CERB, la communion fraternelle se vit d'abord dans les petits groupes : groupes de maison, cercles de jeunes, groupes de femmes, cellules de prière. On y partage la Parole, on prie les uns pour les autres, on célèbre les anniversaires, on porte les deuils ensemble. Des œuvres spécifiques sont mises en place : Fonds de solidarité pour aider les plus démunis à payer les frais scolaires, médicaux, ou de logement. Visites régulières aux malades, aux personnes âgées, aux prisonniers. Fêtes communautaires : mariages, naissances, réussites scolaires, sont célébrés collectivement.

Lorsqu'un conflit éclate, on favorise la médiation : deux membres en froid sont accompagnés par des ainés, pour chercher la réconciliation dans la prière et l'écoute mutuelle. La CERB devient un lieu où l'on peut être soi-même, sans crainte d'être jugé. Les nouveaux venus sont accueillis, suivis, intégrés. Les solitaires trouvent une famille, les blessés une main tendue. La fidélité des liens dans l'épreuve témoigne de l'Évangile bien plus que de longs discours.

Parfois, la jalousie, les incompréhensions, les différences de culture ou de niveau social peuvent menacer l'unité. Il arrive que des clans se forment, que des blessures anciennes resurgissent. Les responsables doivent sans cesse rappeler le pardon, la patience, la vérité dans l'amour (Éphésiens 4:15).

Donner dans et pour le Royaume de Dieu

Enfin, le cinquième pilier, souvent négligé mais absolument central : donner dans et pour le Royaume de Dieu. Donner, c'est reconnaître que tout vient de Dieu et tout retourne à Lui. C'est un acte de foi, de confiance, d'adoration concrète. Pour la CERB, donner ne se limite pas à la dîme ou à l'offrande dominicale : il s'agit d'un style de vie, d'une générosité qui touche le temps, les talents, les ressources matérielles, l'énergie, les compétences.

L'Église enseigne que donner, c'est participer à l'œuvre de Dieu, soutenir les ministères, les missions, les plus vulnérables, investir dans la formation, l'éducation, l'action sociale. Donner, c'est aussi s'impliquer, servir, prendre des responsabilités, partager ses dons. La générosité libère du matérialisme, brise l'esprit de pauvreté, ouvre à la bénédiction.

Des témoignages multiples montrent que là où l'Église donne avec foi, Dieu pourvoit. Les projets naissent, les vocations s'épanouissent, la solidarité grandit. Donner, c'est multiplier les fruits du Royaume, bâtir une Église qui rayonne bien au-delà de ses murs.

Ces cinq piliers – la Parole authentique, la louange et l'adoration, la prière fervente, la communion fraternelle, le don généreux – sont les fondations inébranlables sur lesquelles la CERB veut continuer à bâtir. Chaque génération est appelée à s'y attacher, à les approfondir, à les transmettre. Rien de grand ne se construit sans fondations solides. Que ces piliers inspirent et structurent la route de la CERB et de chaque disciple, pour aujourd'hui et pour demain.

Une identité forgée dans la durée

Ces cinq piliers, loin d'être des slogans, deviennent la matrice de la CERB : tout projet, toute initiative, toute correction ou tout encouragement sont référés à eux. On relit régulièrement la vie communautaire à leur lumière : « Sommes-nous fidèles à la prière ? L'enseignement biblique est-il au centre ? Nos liens fraternels résistent-ils aux épreuves ? Sommes-nous actifs dans le service et l'évangélisation ? »

La force de la CERB résidera, des années durant, dans cette capacité à tenir ensemble ces cinq axes. Quand l'un d'eux faiblit, les autres soutiennent. Quand un problème surgit, on revient aux fondements. Ces piliers permettent à la communauté de traverser les tempêtes, d'accueillir la croissance, de préparer la relève, de rayonner bien au-delà de ses murs.

Spirituellement, ils rappellent à chaque membre que la vie chrétienne est un équilibre : prière et action, parole et acte, accueil et envoi, profondeur et ouverture. Ce modèle inspirera bien des églises sœurs au Burundi et ailleurs, qui viendront s'inspirer, adapter, enrichir leur propre marche à partir de ce socle.

La CERB, désormais solidement établie sur ses piliers, est prête à entrer dans une nouvelle phase : celle de l'enseignement ciblé, de la formation des soldats, de la transmission de la vision à toutes les générations.

Ces cinq piliers ne sont pas des cases indépendantes, mais des dimensions qui s'entrelacent. La prière nourrit l'enseignement, qui alimente le service, qui renforce la communion, qui inspire l'évangélisation, qui ramène à la prière… Leur équilibre évite à la CERB de devenir une église « activiste » sans profondeur, ou une communauté « spirituelle » sans action concrète, ou encore un groupe fermé sur lui-même. C'est cette harmonie, éprouvée au fil des années et renouvelée sans cesse, qui donne à la CERB sa force, sa stabilité et son rayonnement.

Chapitre 8

Enseigner pour transformer

L'un des tournants majeurs dans la maturation de la Communauté des Églises du Rocher fut la prise de conscience que l'enseignement n'est pas un but en soi, mais un levier de transformation. La formation ne vise pas seulement à transmettre des connaissances bibliques ou doctrinales, mais à façonner des vies, des caractères, des familles, et ultimement, à impacter la société entière. « Allez, faites de toutes les nations des disciples… enseignez-leur à observer tout ce que je vous ai prescrit » (Matthieu 28:19-20). Ce commandement de Jésus devient le cœur battant de la CERB.

Le passage du savoir à l'être. Dès les premières années, les responsables de la communauté réalisent que beaucoup de chrétiens burundais, comme ailleurs, ont reçu des enseignements, mais peinent à voir ces vérités s'incarner dans leur quotidien. Il n'est pas rare de voir des personnes très assidues à l'église, capables de réciter des versets, mais dont la vie familiale, professionnelle, ou relationnelle reste marquée par la colère, la jalousie, la peur, le découragement.

À la CERB, on choisit donc de privilégier un enseignement qui touche le cœur, qui interpelle la conscience, qui propose des chemins de conversion concrets. Les prédications sont ancrées dans la vie quotidienne : comment pardonner à un membre de sa famille ? Comment résister à la corruption ? Comment gérer ses finances selon la Bible ? Comment aimer son prochain, même lorsqu'il est différent, ou hostile ? Les études bibliques alternent exposés doctrinaux et temps de partage personnel, où chacun est invité à dire ce qu'il vit, ce qu'il comprend, ce qui le bloque.

Des outils adaptés à tous. Consciente de la diversité culturelle et sociale de ses membres, la CERB multiplie les supports et les méthodes. Pour les enfants, des histoires bibliques illustrées, des pièces de théâtre, des chants à gestes, des jeux éducatifs. Pour les jeunes, des débats sur les questions de société, des ateliers interactifs, des camps bibliques en période de vacances, des groupes de lecture de la Bible sur WhatsApp. Pour les adultes, des séminaires thématiques (mariage, parentalité, entrepreneuriat chrétien), des cercles de parole autour de l'éthique du travail, de la gestion du temps, de la citoyenneté.

Le format participatif est encouragé : on n'écoute pas seulement, on partage, on questionne, on prie ensemble pour mettre en pratique la Parole reçue. Les anciens témoignent de leurs expériences, les jeunes osent poser des questions difficiles, les femmes partagent leurs défis spécifiques. L'enseignement devient une aventure collective, où chacun apprend et grandit à son rythme.

La formation des formateurs représente un investissement sans perte. Pour assurer que la transmission ne s'essouffle pas, la CERB investit massivement dans la formation des enseignants et des animateurs de groupes. Des sessions spécifiques sont organisées pour apprendre à préparer un message, à gérer un groupe, à écouter sans juger, à accompagner les personnes en difficulté. On valorise la pédagogie active, l'écoute bienveillante, la créativité dans la transmission.

Des pasteurs, mais aussi des laïcs, des jeunes, des femmes, sont formés à prendre la parole, à animer des discussions, à faire des visites pastorales. Chacun est encouragé à se perfectionner, à lire, à se documenter. La communauté investit dans l'achat de livres, la création de brochures adaptées au contexte burundais, la production de supports audio et vidéo.

L'enseignement constitue un levier d'émancipation. Au fil des années, la CERB se rend compte que l'enseignement a un impact bien au-delà de la sphère spirituelle. Il permet à des jeunes de sortir de l'illettrisme, à des femmes de prendre confiance pour entreprendre, à des familles de sortir de cycles de violence ou de dépendance. Les enseignements sur la gestion des biens, l'éthique au travail, la citoyenneté responsable, contribuent à former des citoyens intègres, des entrepreneurs honnêtes, des parents attentifs.

L'Évangile, enseigné de manière vivante et incarnée, devient ferment de changement social. Des membres prennent l'initiative de créer des associations, des coopératives, des groupes d'entraide. L'enseignement sur le pardon et la réconciliation inspire des démarches de paix, même dans des quartiers autrefois marqués par la haine ou la vengeance.

Qu'en-est-il des témoignages et fruits visibles? Ce souci de transformation porte rapidement du fruit. Des couples sauvés de la séparation grâce à un cycle sur le mariage et la communication. Des jeunes libérés de l'addiction après un parcours biblique sur l'identité en Christ. Des familles réconciliées autour d'un partage sur le pardon. Des femmes qui lancent des micro-entreprises après un enseignement sur la dignité et la créativité chrétienne. Des hommes et des femmes qui, à force de prier et de méditer la Parole, trouvent la force de dire « non » à la corruption ou à la violence, même au prix de leur confort ou de leur sécurité.

Au sein de la CERB, on s'encourage à témoigner des changements vécus, petits ou grands. À chaque début de réunion, un temps est réservé pour les témoignages : réussite scolaire, guérison, réconciliation, progrès dans la prière. Ces histoires réelles rendent la foi concrète, stimulent l'espérance, donnent envie d'aller plus loin.

Les défis font partie de l'enseignement transformationnel. Bien sûr, tout n'est pas simple. Il arrive que certains résistent au changement, préfèrent un enseignement purement intellectuel, ou craignent d'être remis en question. Les différences de niveau, la pression sociale, la peur du regard des autres freinent parfois l'ouverture. Des membres rechignent à partager leurs difficultés, par peur du jugement ou de la honte. Les responsables doivent alors redoubler d'attention : créer des espaces de confiance, rappeler que l'Église est un hôpital pour les blessés, non un musée de saints parfaits. Ils veillent à l'équilibre entre fermeté sur les principes et douceur dans l'accompagnement.

Une dynamique qui rayonne. Grâce à cette pédagogie tournée vers la transformation, la CERB rayonne bien au-delà de ses murs. Des églises sœurs viennent demander conseil, s'inspirer des méthodes, inviter des formateurs. L'Église du Rocher devient une référence pour la qualité de son accompagnement, la profondeur de ses enseignements, la fécondité de ses membres.

Finalement, enseigner à la CERB, c'est semer pour la vie : semer la Parole, semer l'espérance, semer la confiance en la capacité de chacun à grandir, à changer, à devenir une pierre vivante dans l'édifice de Dieu.

Chapitre 9

La nuit de l'Éternel et la vie communautaire

Au fil de son histoire, la CERB s'est vue enrichie par des saisons spirituelles particulières où Dieu a suscité des réveils, des mouvements et des pratiques qui ont transformé la vie de l'Église. L'une des plus marquantes de la dernière décennie fut sans conteste l'instauration de la "Nuit de l'Éternel", une veillée communautaire de prière, de louange, d'écoute et de communion, révélée a Ferdinand de façon prophétique. Cette initiative, née d'une inspiration divine et d'un profond besoin spirituel, a bouleversé la dynamique communautaire, renouvelé la ferveur des croyants et posé un jalon décisif dans l'évolution de la CERB.

L'année 2010 fut une année charnière pour la CERB. Après une période de tensions internes et de sécheresse spirituelle, plusieurs responsables et membres engagés éprouvaient la conviction que Dieu voulait conduire l'Église vers une expérience nouvelle, plus profonde et plus authentique de Sa présence. C'est lors d'un temps de retraite, marqué par l'insistance sur la prière et le jeûne, que Ferdinand reçoit l'inspiration de la "Nuit de l'Éternel" qui s'est imposée à son esprit lorsqu'il vivait dans ce désert du Darfour, au Soudan.

Ferdinand, bouleversé lors d'un temps d'intercession nocturne, reçut une parole claire : "Rassemble mon peuple dans la nuit, car c'est dans la nuit que je visite, que je parle, que je restaure." Cette révélation, confirmée par d'autres voix prophétiques, fut partagée à l'assemblée. Rapidement, l'idée d'organiser une grande veillée communautaire, non pas centrée sur un événement ou un besoin ponctuel, mais sur l'attente de Dieu Lui-même, s'imposa.

La première "Nuit de l'Éternel" eut lieu le dernier vendredi de janvier 2010. Toute la communauté fut invitée à participer : jeunes, anciens, familles, responsables, visiteurs. L'organisation privilégiait la simplicité : pas de programme chargé, mais l'alternance de temps de louange prolongée, de méditation de la Parole, de confession, d'intercession, de silence, et de témoignages spontanés. Un accent particulier était mis sur l'écoute : laisser à Dieu la liberté de conduire la nuit, de parler à Son peuple, d'inspirer des paroles, des chants, des prières.

Très vite, ce format trouva un écho profond. Les participants témoignèrent d'expériences inédites : renouvellement intérieur, guérisons, paroles de connaissance, réconciliations inattendues. La nuit, symbole biblique d'attente, de veille, de combat spirituel – de Moïse à Jésus à Gethsémané – prenait tout son sens : c'est dans l'obscurité que la lumière de Dieu se manifeste avec le plus d'éclat.

La Nuit de l'Éternel est bien plus qu'un simple rassemblement nocturne. Elle est un acte prophétique : accepter de sortir de ses routines, d'abandonner le confort pour attendre Dieu dans la vulnérabilité de la nuit. Elle rappelle que la foi n'est pas toujours une marche facile : il y a des saisons d'obscurité, de doutes, de silence apparent de Dieu. Mais c'est précisément là que Dieu se donne, que l'Église apprend à veiller, à intercéder, à écouter.

Spirituellement, la Nuit de l'Éternel a permis à la communauté de retrouver le sens de la dépendance à Dieu, l'humilité devant Sa souveraineté, et la richesse de la prière collective. Elle a mis en lumière la nécessité de l'unité : prier ensemble dans la nuit et s'exposer ensemble à la lumière du Seigneur, confier ensemble les fardeaux, porter ensemble les espérances et les combats de l'Église.

Depuis 2010, la Nuit de l'Éternel s'est imposée comme un rendez-vous incontournable dans la vie de la CERB. Elle est devenue un catalyseur de renouveau : beaucoup témoignent d'avoir reçu des orientations décisives, des brisements suivis de restauration, des appels au service, des guérisons physiques et intérieures. Les barrières générationnelles et sociales s'estompent lors de ces veillées : enfants, jeunes et anciens partagent le même espace, la même attente, la même louange.

La Nuit a aussi favorisé la naissance de vocations : plusieurs ministères (musique, intercession, enseignement, service social) se sont révélés ou fortifiés lors de ces moments privilégiés. Les liens fraternels se sont resserrés : partager la fatigue, la joie, le silence, la prière jusque dans la nuit crée une solidarité unique, un sentiment d'appartenance renouvelé.

Comme toute initiative spirituelle, la Nuit de l'Éternel n'est pas exempte de défis. Certains ont pu la réduire à une forme ou à une performance, oubliant la profondeur de l'écoute et de l'attente. Le risque de routine ou d'épuisement existe : la veillée n'est pas un exploit à répéter, mais un lieu à habiter avec humilité et liberté. L'Église a su rappeler que la véritable fécondité réside dans la disponibilité du cœur, et non dans la multiplication des veillées.

Il a parfois fallu adapter les modalités : tenir compte des familles, de la sécurité, du rythme de la vie moderne. Certains quartiers ou régions ont choisi de vivre la Nuit de l'Éternel sous d'autres formes : veillées de quartier, nuits de prière en petits groupes, temps d'adoration prolongés. L'essentiel demeure : se tenir ensemble devant Dieu, dans la nuit, prêts à recevoir Sa visitation.

Aujourd'hui, la Nuit de l'Éternel s'inscrit dans l'ADN spirituel de la CERB. Elle rappelle à chaque génération que la vie chrétienne est un chemin de veille, d'attente, de foi dans la nuit du monde. Elle encourage la communauté à rester ouverte à l'imprévu de Dieu, à ne jamais s'installer dans la facilité ou la routine.

Pour l'avenir, la CERB voit dans cette pratique une école de la persévérance, de la fraternité, de la disponibilité à l'Esprit. Que chaque Nuit de l'Éternel soit une source d'espérance, un appel à l'unité, un temps de visitation et d'envoi pour l'Église tout entière.

La Nuit de l'Éternel, révélée en 2010 et lancée au sein de la CERB, demeure l'un des plus beaux témoignages de la fidélité de Dieu à Son peuple. Par elle, l'Église apprend à veiller, à intercéder, à s'ouvrir à la nouveauté de l'Esprit, à grandir dans l'unité et la foi. Que ce flambeau ne s'éteigne jamais et que, dans chaque nuit traversée, la lumière de l'Éternel continue d'éclairer la route de la communauté.

L'impact la Nuit de l'Éternel dépasse la CERB. Des églises sœurs viennent y participer, puis organisent à leur tour des veillées inspirées du même esprit. Des jeunes du quartier, touchés par ce qu'ils entendent ou voient, demandent à découvrir la foi chrétienne. Des responsables d'autres confessions viennent observer, poser des questions, chercher à comprendre ce qui fait la force de ces rassemblements.

La CERB, consciente de cette influence, veille à rester humble, à ne pas tomber dans le spectaculaire ou l'orgueil spirituel. Les responsables rappellent que la finalité n'est pas de vivre des émotions fortes, mais de progresser dans l'amour de Dieu et du prochain, de s'engager pour la justice et la paix.

La nuit de l'Éternel et la vie communautaire donnent à la CERB son visage le plus vrai : une Église où l'on prie, chante, pleure et rit ensemble ; une Église en marche, jamais installée, toujours ouverte à la nouveauté de l'Esprit ; une Église qui, parce qu'elle a goûté la puissance de Dieu dans la nuit, ose témoigner en plein jour, servir les pauvres, accueillir l'étranger, bâtir la paix.

Ces temps forts, loin d'être des parenthèses, deviennent le moteur d'un engagement quotidien, la source où puiser la force de continuer, la lumière qui éclaire les chemins parfois obscurs de la vie. La CERB en sort toujours plus unie, plus audacieuse, plus fidèle à sa vocation : faire de tous des soldats, enracinés dans la prière, l'amour fraternel et la mission.

Chapitre 10

La Vague de Multiplication

La Communauté des Églises du Rocher n'était au départ qu'une poignée de croyants rassemblés autour d'une vision. Mais, à l'image de la graine de moutarde dont parle Jésus, ce petit commencement va donner naissance à une multiplication inattendue, transformant le paysage ecclésial du Burundi et au-delà.

Après l'enracinement des cinq piliers et les premiers fruits de la vie communautaire, quelque chose de nouveau se met en place presque naturellement. Les membres, formés et encouragés, commencent à ressentir l'appel à « aller plus loin ». Les enseignements sur la mission, l'appel à évangéliser, la dynamique des nuits de feu, tout cela prépare les cœurs à sortir de leur zone de confort.

Un jeune couple, récemment stabilisé par la communauté, décide de s'installer dans une commune voisine pour raisons professionnelles. Plutôt que de chercher une église existante, ils proposent aux voisins de se réunir le dimanche matin pour prier et partager la Parole. Rapidement, un petit noyau se forme, puis s'étoffe. La nouvelle communauté naît, portée par la prière et la solidarité.

D'autres suivent. Un étudiant, retournant dans son village natal pendant les vacances, commence à animer un groupe de maison. Les membres de la CERB de Bujumbura passent le relais, envoient des Bibles, viennent enseigner lors des week-ends. Les premiers baptêmes ont lieu dans la rivière du coin, dans une joie immense. Peu à peu, la multiplication devient un mode de vie.

Ce qui frappe, dans cette vague de multiplication, c'est sa spontanéité. Il n'y a pas de projet centralisé, encore moins de stratégie imposée d'en haut. La vision de « faire de tous des soldats » s'incarne : chaque croyant se sent responsable, porteur de la mission. Quand une famille déménage, elle considère cela comme un envoi en mission. Quand un jeune trouve du travail dans une autre province, il cherche comment implanter une nouvelle communauté.

La CERB met cependant en place une structure légère d'accompagnement : un responsable des missions coordonne les contacts, visite les nouvelles implantations, veille à la cohérence doctrinale et à la communion fraternelle. Des pasteurs itinérants font la navette entre les différentes églises, formant les leaders locaux, résolvant les premiers conflits, apportant des ressources.

Les nouvelles communautés ne ressemblent pas toutes à celle de Bujumbura : certaines se réunissent sous un arbre, d'autres dans une salle de classe prêtée, d'autres encore dans une maison, selon les moyens et le contexte local. Ce qui compte, c'est l'esprit : prière, enseignement, service, fraternité, évangélisation. Les cinq piliers servent de boussole à toutes les implantations.

Parmi les moteurs essentiels de la multiplication au sein de la CERB, l'enseignement et la formation occupent une place fondamentale. Les cycles de formation sont soigneusement conçus pour être facilement reproductibles, permettant ainsi à chaque nouvelle génération de disciples d'en former d'autres à leur tour. L'accent est mis sur la formation de "multiplicateurs" locaux : des hommes et des femmes capables de transmettre fidèlement ce qu'ils ont reçu. Pour surmonter le manque de pasteurs formés dans chaque église, des manuels, des livrets pédagogiques, mais aussi des enregistrements audios diffusés sur téléphone sont utilisés efficacement. Cette stratégie garantit que l'accès à la formation et à l'enseignement biblique ne soit jamais limité par des contraintes logistiques ou humaines.

Le témoignage personnel s'avère également être un puissant moteur de multiplication. Rien n'est plus convaincant que la transformation visible d'une vie. Lorsqu'un chef de famille, jadis réputé pour sa dureté, devient subitement un homme doux et serviable, tout le quartier s'en étonne et s'interroge sur la source de ce changement. De même, quand une jeune femme longtemps brisée par la vie retrouve la joie et la dignité, ses amies sont touchées et cherchent à comprendre ce qui l'a restaurée. Ces récits de vies renouvelées attirent naturellement de nouvelles personnes qui, à leur tour, désirent expérimenter la même grâce.

La solidarité communautaire constitue un autre levier important du développement des églises. Les nouvelles implantations bénéficient du soutien matériel et moral des assemblées plus établies. Des collectes sont organisées afin d'acheter des bancs, des Bibles, ou encore des instruments de musique pour équiper les nouveaux lieux de culte. Au-delà du matériel, chacun met ses compétences au service de la mission : un maçon offre son savoir-faire pour bâtir, un enseignant propose des cours d'alphabétisation, un agronome partage ses connaissances pour aider à l'autosuffisance. Cette mise en commun des ressources humaines et matérielles crée un esprit d'entraide et rend chaque nouvelle église plus forte et plus résiliente.

Enfin, la confiance dans l'Esprit de Dieu est un trait distinctif de la dynamique de multiplication. Les limites humaines et le manque de moyens deviennent une invitation à se tourner vers Dieu avec foi et abandon. La communauté prie avec ferveur pour que le Seigneur ouvre les portes, touche les cœurs et pourvoie à tous les besoins. Nombreux sont ceux qui témoignent de miracles vécus : un terrain offert de façon inattendue, une salle de réunion trouvée au moment opportun, ou encore des conversions surprenantes dans des familles réputées fermées à l'Évangile. Cette dépendance quotidienne à l'Esprit nourrit la foi de la communauté et renforce la conviction que la croissance de l'Église est avant tout l'œuvre de Dieu.

Cette multiplication rapide ne va pas sans écueils. Les jeunes leaders, parfois peu expérimentés, sont exposés à la fatigue, à la tentation de l'autoritarisme, à des dérives doctrinales. L'éloignement rend le suivi difficile. Il faut inventer des modes de supervision souples : visites régulières, groupes WhatsApp pour partager questions et encouragements, retraites annuelles pour rassembler les pasteurs et responsables.

La diversité culturelle et linguistique devient un défi : certaines communautés parlent le kirundi, d'autres le swahili, d'autres encore le français. Il faut traduire les supports, adapter les chants, respecter les coutumes locales sans trahir l'Évangile. La CERB apprend l'art de l'inculturation : être fidèle à la vision, tout en étant souple sur les formes.

La croissance numérique expose aussi à la jalousie des autres dénominations, parfois à l'hostilité de certains voisins, voire à des pressions politiques. Les responsables insistent alors sur l'humilité, le respect, la collaboration avec les autres églises, la transparence dans la gestion.

Des fruits visibles et durables

En une quinzaine d'années, la CERB passe de trois églises à cent soixante-quinze, réparties dans presque toutes les provinces du Burundi, et même dans certains pays étrangers.

Chaque année, la communauté célèbre avec joie des centaines de baptêmes, signe visible et vibrant de la vie nouvelle en Christ et du dynamisme de l'Église. Ces moments forts rassemblent familles, voisins et amis, témoignant de la puissance de l'Évangile à transformer des vies et à attirer toujours plus de personnes dans la communion fraternelle.

Les histoires de familles réconciliées se multiplient également, illustrant la capacité de la foi à restaurer les liens brisés. Des couples séparés retrouvent le chemin du dialogue et du pardon, des relations parents-enfants sont renouvelées, et des foyers autrefois divisés deviennent des témoins vivants de la paix de Dieu au sein de la communauté.

L'engagement des membres ne s'arrête pas à la sphère spirituelle : plusieurs écoles ont été ouvertes par des chrétiens soucieux de l'éducation des enfants et du témoignage auprès des jeunes générations. Ces établissements deviennent des lieux d'apprentissage, mais aussi de valeurs, d'écoute et d'espérance pour toute la société.

Pour favoriser l'autonomie et la résilience des églises locales, la communauté encourage et soutient de nombreux projets agricoles et artisanaux. Qu'il s'agisse de petites exploitations, de coopératives ou d'ateliers, ces initiatives permettent aux églises de subvenir à leurs besoins, de créer des emplois et de développer un esprit de solidarité et d'innovation.

Enfin, un élan missionnaire anime la CERB, avec de plus en plus de membres qui répondent à l'appel de Dieu pour aller implanter de nouvelles communautés dans des régions parfois isolées ou peu atteintes. Ces vocations missionnaires, souvent soutenues par la prière et la solidarité de toute l'Église, témoignent du désir profond de partager l'Évangile et d'agrandir la grande famille de Dieu.

La CERB devient, pour beaucoup, un modèle d'Église en mouvement, où la croissance n'est pas synonyme de perte de profondeur, mais de multiplication de la vie.

Spirituellement, cette vague de multiplication est vécue comme une grâce, mais aussi une responsabilité. Les responsables rappellent toujours : « C'est Dieu qui fait croître. Nous ne sommes que des ouvriers dans son champ. » (1 Corinthiens 3:6-9) Chaque nouvelle communauté est accueillie avec reconnaissance, mais aussi avec humilité : l'enjeu n'est pas de bâtir un empire, mais de rendre le Christ présent partout, sous des formes simples, vivantes, enracinées dans le quotidien.

La multiplication rappelle à tous que la mission ne s'arrête jamais. Chaque église est appelée à regarder au-delà de ses murs, à former, à envoyer, à bénir. C'est ainsi que la CERB devient une famille élargie, où la joie du don, du service et de la transmission l'emporte sur la tentation de la sécurité ou de l'installation.

Ce chapitre marque ainsi une étape clé : la CERB, par la fidélité à la vision et l'audace de la foi, devient un mouvement qui change des vies, des villages, des régions entières. Mais une telle croissance pose aussi la question du centre, du lieu où l'on peut se ressourcer, se former, se retrouver. C'est l'enjeu du chapitre suivant.

Chapitre 11

Le siège social : un rêve bâti sur le rocher

Dans l'élan de multiplication et de croissance qui caractérise la CERB, un nouveau besoin s'impose peu à peu : celui d'un lieu central, à la fois point d'ancrage, espace de formation, symbole d'unité et tremplin pour la mission. Pendant des années, la communauté a fonctionné de manière décentralisée, avec des réunions dans les maisons, des cultes sous des tentes ou dans des salles provisoires, des rencontres dans les écoles ou les terrains vagues. Cette souplesse a permis une expansion rapide, mais elle révèle aussi ses limites.

En 2010 aussi, lors d'une retraite des responsables de l'eglise, la question d'établir un siège central fut posée de manière frontale : « Faut-il un siège ? » Le débat s'installa, certains hésitant, craignant que la création d'un siège ne vienne figer l'œuvre, alourdir la structure et détourner l'attention de la mission première vers des considérations de gestion immobilière. D'autres au contraire insistaient : « Nous avons besoin d'un lieu qui rassemble, qui forme, qui accueille, qui témoigne de la fidélité de Dieu. »

C'est dans ce contexte de discernement et de tension que Ferdinand, l'un des leaders de la communauté, fit une expérience spirituelle marquante. À l'image de Moïse devant le buisson ardent, il reçut une visitation et un modèle venant de Dieu lui-même. Dans la prière et l'écoute, il reçoit une maquette et une conviction profonde : l'appel à ériger un lieu non seulement fonctionnel, mais porteur de sens, un espace qui serait le signe visible de la présence et de la fidélité de Dieu au milieu de son peuple. Cette visitation, vécue comme une direction claire du Seigneur, devint une source d'assurance et d'inspiration pour l'ensemble de la communauté, éclairant le chemin à prendre au-delà des hésitations et des peurs.

Sous la prière, la conviction grandit que Dieu veut donner à la CERB un « centre de vie », non pas comme un palais ou un monument, mais comme un lieu accueillant, ouvert, fonctionnel, où chaque membre se sentira chez soi. Le nom s'impose de lui-même : « Le Rocher. » Ce sera le siège social, mais aussi la maison de la famille dont la fondation a été jetée en 2011.

Les objectifs poursuivis à travers ce projet sont multiples et répondent à des besoins concrets de la communauté. Tout d'abord, il s'agit d'offrir un lieu de culte central, capable d'accueillir les grands rassemblements, les célébrations majeures et les événements fédérateurs de la vie de l'Église. Cet espace permettra à tous les membres, qu'ils viennent de près ou de loin, de se retrouver dans l'unité et la joie, renforçant ainsi le sentiment d'appartenance à une même famille spirituelle.

Parallèlement, le projet vise à disposer de salles de formation adaptées aux différents publics : leaders, jeunes, enfants. Ces espaces seront dédiés à l'enseignement, à la transmission des valeurs, à l'accompagnement spirituel et au développement personnel de chacun, dans une dynamique de croissance et de multiplication des compétences.

La mise en place de bureaux pour la coordination, l'administration et la gestion des projets répond également à un besoin essentiel de structuration. Ces bureaux seront le cœur organisationnel de la communauté, facilitant le suivi des activités, la communication interne, la planification et la bonne gouvernance de l'ensemble des œuvres et missions portées par l'Église.

Un autre objectif important est de créer un espace d'accueil chaleureux, destiné aux visiteurs, missionnaires et délégations étrangères. Cet accueil permettra de tisser des liens, d'échanger des expériences et de renforcer les partenariats, tout en témoignant de l'hospitalité et de l'ouverture qui caractérisent la communauté.

Enfin, le projet prévoit d'intégrer une bibliothèque, une salle multimédia ainsi qu'un espace de prière et de recueillement. Ces différents lieux offriront à chacun la possibilité de se former, de s'informer, de méditer et de se ressourcer, dans une atmosphère propice à l'étude, à la réflexion et à la rencontre personnelle avec Dieu. Le projet est présenté lors d'une grande assemblée générale. L'enthousiasme est immédiat, mais la prudence reste de mise. On décide de commencer par la prière : pendant 40 jours, chaque membre est invité à jeûner une journée, à tour de rôle, pour demander à Dieu sa direction.

Les premiers pas : foi et défis

Rapidement, l'idée se concrétise. Un terrain est identifié dans la ville de Bujumbura, un lieu suffisamment accessible pour devenir un point de convergence. Une levée de fonds est lancée. Chacun donne selon ses moyens : certains vendent une partie de leur récolte, d'autres offrent des journées de travail sur le chantier, des jeunes organisent des concerts de soutien, des femmes préparent des repas à vendre.

Le chantier démarre dans la simplicité, mais avec une ferveur impressionnante. Les membres de la CERB viennent, outils en main, participer à la construction. Les enfants transportent des briques, les jeunes mélangent le ciment, les anciens prient et encouragent. Des équipes se relaient jour et nuit, pour avancer malgré le manque de moyens.

Les défis à relever dans la réalisation de ce projet sont nombreux et parfois décourageants. Le premier obstacle majeur reste le manque d'argent. Les interruptions de chantier sont fréquentes, chaque fois que les fonds viennent à manquer. Dans ces moments de pénurie, les travaux doivent être suspendus, obligeant la communauté à se tourner vers la prière et à relancer de nouvelles collectes. Cette réalité impose un rythme parfois irrégulier à l'avancement du projet, mais elle renforce aussi la solidarité et la foi collective. Malgré ces revers, la communauté refuse de se décourager : chaque obstacle devient l'occasion de faire preuve de persévérance et de renouveler son engagement.

Le découragement s'installe parfois dans les cœurs. Certains membres se laissent gagner par le doute, se demandant si le rêve n'est pas trop ambitieux ou hors de portée. Dans ces moments de fragilité, les responsables rappellent à tous la promesse qui fonde leur espérance : « Sur cette pierre, je bâtirai mon Église ». Ce rappel ranime la foi et invite à regarder au-delà des difficultés immédiates.

Enfin, la communauté doit faire face à des pressions extérieures multiples. Des voisins, des autorités, ou même parfois des mouvements religieux concurrents cherchent à faire obstacle au projet. Devant ces oppositions, la communauté choisit de rester fidèle à ses valeurs : elle privilégie la paix, la patience et la prière, convaincue que rien ne peut arrêter ce que Dieu a inspiré et soutient. Ces défis, loin de freiner l'élan collectif, deviennent autant d'occasions de grandir dans la foi, l'unité et la persévérance.

Inauguration : une fête de la foi

Après huit années d'efforts, le bâtiment principal est achevé. L'inauguration est une fête mémorable. Des délégations de toutes les églises du réseau arrivent, à pied, en vélo, en bus ou en voiture privée. La louange résonne jusqu'au soir. On célèbre la fidélité de Dieu, la générosité des membres, la force de l'unité. Des témoignages sont partagés : un maçon raconte comment il a vu sa foi grandir sur le chantier ; une veuve explique que ce lieu lui a donné une famille ; une jeune femme, revenue au pays après ses études, dit sa fierté d'appartenir à une Église qui ose rêver grand.

Un temps fort est la prière de consécration : tous se mettent à genoux, demandant à Dieu que ce lieu ne devienne jamais un simple bâtiment, mais reste une maison vivante, ouverte, un lieu de rencontre avec Lui, un tremplin pour la mission.

Le siège, cœur battant de la communauté

Depuis son inauguration, « Le Siège Social International » s'est imposé comme le cœur battant de la CERB, un lieu où la vie communautaire prend toute sa dimension. C'est ici que se tiennent les retraites de formation destinées aux leaders, moments privilégiés d'enseignement, de ressourcement et de discernement pour ceux qui portent la vision et la mission de l'Église. L'enceinte accueille également des camps organisés pour les jeunes et les enfants, leur offrant non seulement des temps de jeux et de fraternité, mais aussi l'opportunité de grandir dans la foi et de développer leur potentiel personnel.

Au fil des mois, « Le Le Siège Social International » devient aussi un espace de convergence pour les rencontres interparoissiales et interconfessionnelles, favorisant le dialogue, l'unité et la collaboration entre différentes communautés chrétiennes. Les grandes semaines de jeûne et prière s'y déroulent régulièrement, mobilisant toute l'assemblée autour des enjeux majeurs de la nation et de la mission de l'Église, dans une atmosphère de ferveur et d'espérance.

Au-delà de la dimension spirituelle, « Le Siège Social International » se distingue par sa vocation sociale et éducative. Il héberge des ateliers d'alphabétisation, d'entrepreneuriat et d'initiation à l'informatique, contribuant ainsi à l'autonomisation des membres et à leur insertion dans la société. Enfin, le Siège offre des temps d'écoute et d'accompagnement pour les personnes en difficulté, leur permettant de trouver soutien, conseils et réconfort au sein d'une communauté attentive et bienveillante. Ainsi, « Le Siège » incarne pleinement la mission intégrale de la CERB : former, unir, servir et accompagner chaque personne sur le chemin de la vie et de la foi. Le siège accueille aussi des cultes ouverts à tous, des concerts, des expositions d'art chrétien, des forums sur la paix et la réconciliation. Il devient un pôle d'attraction pour le quartier : des voisins, parfois non chrétiens, viennent participer aux activités, demander conseil, partager un repas.

Le siège social n'est pas une fin en soi. Il est vécu comme un outil au service de la mission, un espace d'accueil, de ressourcement, d'envoi. Les responsables veillent à ce qu'il ne devienne jamais un lieu de pouvoir, de distinction sociale, ou de fermeture. On rappelle sans cesse : « Nous sommes une Église en marche, pas un club fermé. »

Symboliquement, « Le Siège Social International » incarne la fidélité de Dieu à ses promesses, la force de l'unité, la beauté d'une Église qui construit sur la Parole. Il rappelle à chaque génération que l'Église n'est pas d'abord un bâtiment, mais une famille, un peuple en mouvement, une communauté de disciples envoyés.

Ce chapitre clôt une étape matérielle et spirituelle de la CERB. Mais la vie de la communauté ne saurait se résumer à ses succès visibles. D'autres défis attendent, d'autres questions surgissent sur la transmission, la gestion de la croissance, l'adaptation aux nouveaux temps. Le chapitre suivant vous emmènera dans le quotidien de la formation des soldats, la gestion du leadership, et l'équilibre entre tradition et innovation.

Chapitre 12

Former des soldats pour aujourd'hui et demain

Depuis sa fondation, la Communauté des Églises du Rocher (CERB) s'est fixé pour mission de « faire de tous des soldats ». Loin d'une vision guerrière, cette expression traduit la conviction profonde que chaque croyant est appelé à devenir un disciple engagé, solide dans la foi, formé pour servir et capable de transmettre à son tour. Dans une Église en pleine croissance et confrontée à des défis sans cesse renouvelés, cette volonté de former des soldats pour aujourd'hui et demain se traduit par une vision globale de la formation.

À la CERB, la formation ne se limite pas au catéchisme ou à l'école du dimanche ; elle concerne toutes les étapes de la vie et tous les aspects de l'existence. Elle vise à toucher l'intelligence, le cœur, le caractère et les mains. Le « soldat du Christ » n'est donc pas seulement un fidèle assidu aux cultes, mais une personne transformée, autonome, capable d'initiatives et de discernement, enracinée dans la Parole et ouverte aux défis du monde. Pour incarner cette vision, un comité de formation, rassemblant pasteurs, enseignants laïcs, jeunes et femmes engagées, se réunit régulièrement. Ensemble, ils évaluent les besoins, ajustent les parcours, innovent dans les méthodes, et considèrent la diversité des membres comme une richesse essentielle : chaque génération, chaque culture, chaque expérience contribue à l'édification commune.

La formation à la CERB s'organise en différents parcours adaptés aux réalités de chacun. L'accompagnement des nouveaux convertis constitue la première étape. Ceux qui découvrent la foi sont accueillis dans un parcours d'initiation mêlant enseignements fondamentaux – sur Jésus, le salut, la prière, la vie d'Église – et partage de vie. Chaque nouveau croyant est mis en lien avec un parrain ou une marraine spirituelle, chargé d'écouter, de prier, de répondre aux interrogations et d'intégrer la personne dans la vie communautaire.

Pour éviter la routine et stimuler la croissance, la CERB propose aussi des cycles de formation continue adaptés à tous les âges et à tous les niveaux. Les enfants bénéficient d'écoles du dimanche utilisant des supports interactifs, des jeux bibliques et des ateliers d'expression artistique. Les jeunes participent à des groupes de discussion, des études bibliques thématiques, des ateliers de prise de parole et des camps de ressourcement. Les adultes ont accès à des séminaires sur le mariage, la parentalité, la gestion des finances, l'engagement citoyen ou la résolution des conflits. Ceux qui souhaitent aller plus loin suivent un véritable parcours de disciple, avec étude approfondie de la Bible, apprentissage de la prière d'intercession et initiation à la mission.

La multiplication des églises impose de former de nouveaux leaders. Pour répondre à ce besoin, des parcours spécifiques sont conçus pour les futurs pasteurs, anciens, diacres et animateurs de groupes de maison. Ces formations comprennent des études bibliques avancées, des sessions sur l'éthique du leadership, des exercices pratiques comme la prédication ou la gestion de crise, un accompagnement personnel par des anciens expérimentés, ainsi qu'une formation au discernement spirituel et à la gestion de la diversité.

La CERB veille également à relier la foi aux réalités concrètes de la vie. Les membres sont encouragés à se former pour leur vie professionnelle et sociale : ateliers d'alphabétisation, formations en informatique, en gestion de projets, cours d'entrepreneuriat ou d'agriculture durable, et sensibilisation à la citoyenneté, aux droits humains et à la prévention des violences. Cette dimension vise un double objectif : l'autonomisation des membres et le témoignage chrétien dans la société.

La pédagogie adoptée à la CERB est résolument active et participative. Les membres sont invités à questionner, à partager leurs expériences et à animer eux-mêmes des ateliers. L'expérimentation occupe une place centrale : on apprend en faisant, à travers des jeux de rôle, des simulations ou des actions concrètes comme organiser une visite, monter un projet ou animer un débat. Chaque enseignement part de la Parole de Dieu, mais s'ancre dans les réalités locales, avec des exemples tirés du quotidien et une adaptation constante au contexte culturel et social du Burundi. L'utilisation des nouveaux médias permet d'atteindre même les zones rurales les plus isolées : groupes WhatsApp pour les échanges bibliques, podcasts de formation, vidéos pédagogiques et supports accessibles sur téléphone.

Les fruits de cette approche globale de la formation sont visibles dans la vie de la communauté. Une jeune femme, autrefois timide et marginalisée, est devenue animatrice d'un groupe d'enfants et a lancé un projet d'alphabétisation dans son quartier. Un ancien alcoolique, accompagné par son groupe de maison, s'est relevé, a retrouvé un emploi et est devenu responsable du service social de l'église locale. Des jeunes, formés à la prise de parole, interviennent désormais dans les écoles pour parler de paix et de réconciliation. Une équipe de femmes, après un cycle sur l'entrepreneuriat, a lancé une coopérative qui soutient les veuves du quartier.

Bien sûr, le chemin n'est pas sans obstacles. Certains nouveaux convertis peinent à s'intégrer, par peur ou manque de scolarité. La diversité des niveaux d'instruction exige une grande créativité pédagogique. La mobilité des membres, souvent liée à des déplacements professionnels ou à des crises, impose un suivi souple et réactif. Des tensions surgissent parfois entre les partisans d'une formation plus traditionnelle et ceux qui plébiscitent une approche interactive. Dans ces moments, les responsables insistent sur la patience, l'écoute, l'encouragement et la prière, rappelant que la formation est d'abord un chemin, et que chaque progrès, même minime, constitue une victoire.

À la CERB, la formation n'est jamais une fin en soi. Chaque parcours débouche sur un envoi, qu'il s'agisse de prendre un service, d'assumer une mission ou une responsabilité dans la communauté ou dans la société. On célèbre les étapes franchies, on bénit ceux qui partent implanter une nouvelle église, on confie à Dieu ceux qui s'engagent dans une action sociale ou un projet professionnel inspiré par la foi. La devise qui guide ce processus est simple : « Un soldat formé, c'est une communauté transformée. »

Former des soldats, c'est préparer l'avenir de la CERB et du Burundi tout entier. C'est croire que chaque vie changée est une semence pour la paix, la justice et la fraternité. C'est aussi reconnaître que la formation n'a jamais de fin : chaque génération doit inventer ses propres outils et ses propres chemins, dans l'écoute de l'Esprit et la fidélité à la Parole. Ainsi s'ouvre une nouvelle étape, faite des défis de la maturité, de la gestion de la croissance et des tensions entre tradition et innovation, qui seront approfondis dans les chapitres suivants. Depuis sa fondation, la Communauté des Églises du Rocher (CERB) s'est fixé pour mission de « faire de tous des soldats ». Loin d'une vision guerrière, cette expression traduit la conviction profonde que chaque croyant est appelé à devenir un disciple engagé, solide dans la foi, formé pour servir et capable de transmettre à son tour. Dans une Église en pleine croissance et confrontée à des défis sans cesse renouvelés, cette volonté de former des soldats pour aujourd'hui et demain se traduit par une vision globale de la formation.

À la CERB, la formation ne se limite pas au catéchisme ou à l'école du dimanche ; elle concerne toutes les étapes de la vie et tous les aspects de l'existence. Elle vise à toucher l'intelligence, le cœur, le caractère et les mains. Le « soldat du Christ » n'est donc pas seulement un fidèle assidu aux cultes, mais une personne transformée, autonome, capable d'initiatives et de discernement, enracinée dans la Parole et ouverte aux défis du monde. Pour incarner cette vision, un comité de formation, rassemblant pasteurs, enseignants laïcs, jeunes et femmes engagées, se réunit régulièrement. Ensemble, ils évaluent les besoins, ajustent les parcours, innovent dans les méthodes, et considèrent la diversité des membres comme une richesse essentielle : chaque génération, chaque culture, chaque expérience contribue à l'édification commune.

La formation à la CERB s'organise en différents parcours adaptés aux réalités de chacun. L'accompagnement des nouveaux convertis constitue la première étape. Ceux qui découvrent la foi sont accueillis dans un parcours d'initiation mêlant enseignements fondamentaux – sur Jésus, le salut, la prière, la vie d'Église – et partage de vie. Chaque nouveau croyant est mis en lien avec un parrain ou une marraine spirituelle, chargé d'écouter, de prier, de répondre aux interrogations et d'intégrer la personne dans la vie communautaire.

Pour éviter la routine et stimuler la croissance, la CERB propose aussi des cycles de formation continue adaptés à tous les âges et à tous les niveaux. Les enfants bénéficient d'écoles du dimanche utilisant des supports interactifs, des jeux bibliques et des ateliers d'expression artistique. Les jeunes participent à des groupes de discussion, des études bibliques thématiques, des ateliers de prise de parole et des camps de ressourcement. Les adultes ont accès à des séminaires sur le mariage, la parentalité, la gestion des finances, l'engagement citoyen ou la résolution des conflits. Ceux qui souhaitent aller plus loin suivent un véritable parcours de disciple, avec étude approfondie de la Bible, apprentissage de la prière d'intercession et initiation à la mission.

La multiplication des églises impose de former de nouveaux leaders. Pour répondre à ce besoin, des parcours spécifiques sont conçus pour les futurs pasteurs, anciens, diacres et animateurs de groupes de maison. Ces formations comprennent des études bibliques avancées, des sessions sur l'éthique du leadership, des exercices pratiques comme la prédication ou la gestion de crise, un accompagnement personnel par des anciens expérimentés, ainsi qu'une formation au discernement spirituel et à la gestion de la diversité.

La CERB veille également à relier la foi aux réalités concrètes de la vie. Les membres sont encouragés à se former pour leur vie professionnelle et sociale : ateliers d'alphabétisation, formations en informatique, en gestion de projets, cours d'entrepreneuriat ou d'agriculture durable, et sensibilisation à la citoyenneté, aux droits humains et à la prévention des violences. Cette dimension vise un double objectif : l'autonomisation des membres et le témoignage chrétien dans la société.

La pédagogie adoptée à la CERB est résolument active et participative. Les membres sont invités à questionner, à partager leurs expériences et à animer eux-mêmes des ateliers. L'expérimentation occupe une place centrale : on apprend en faisant, à travers des jeux de rôle, des simulations ou des actions concrètes comme organiser une visite, monter un projet ou animer un débat. Chaque enseignement part de la Parole de Dieu, mais s'ancre dans les réalités locales, avec des exemples tirés du quotidien et une adaptation constante au contexte culturel et social du Burundi. L'utilisation des nouveaux médias permet d'atteindre même les zones rurales les plus isolées : groupes WhatsApp pour les échanges bibliques, podcasts de formation, vidéos pédagogiques et supports accessibles sur téléphone.

Les fruits de cette approche globale de la formation sont visibles dans la vie de la communauté. Une jeune femme, autrefois timide et marginalisée, est devenue animatrice d'un groupe d'enfants et a lancé un projet d'alphabétisation dans son quartier. Un ancien alcoolique, accompagné par son groupe de maison, s'est relevé, a retrouvé un emploi et est devenu responsable du service social de l'église locale. Des jeunes, formés à la prise de parole, interviennent désormais dans les écoles pour parler de paix et de réconciliation. Une équipe de femmes, après un cycle sur l'entrepreneuriat, a lancé une coopérative qui soutient les veuves du quartier.

Bien sûr, le chemin n'est pas sans obstacles. Certains nouveaux convertis peinent à s'intégrer, par peur ou manque de scolarité. La diversité des niveaux d'instruction exige une grande créativité pédagogique. La mobilité des membres, souvent liée à des déplacements professionnels ou à des crises, impose un suivi souple et réactif. Des tensions surgissent parfois entre les partisans d'une formation plus traditionnelle et ceux qui plébiscitent une approche interactive. Dans ces moments, les responsables insistent sur la patience, l'écoute, l'encouragement et la prière, rappelant que la formation est d'abord un chemin, et que chaque progrès, même minime, constitue une victoire.

À la CERB, la formation n'est jamais une fin en soi. Chaque parcours débouche sur un envoi, qu'il s'agisse de prendre un service, d'assumer une mission ou une responsabilité dans la communauté ou dans la société. On célèbre les étapes franchies, on bénit ceux qui partent implanter une nouvelle église, on confie à

Dieu ceux qui s'engagent dans une action sociale ou un projet professionnel inspiré par la foi. La devise qui guide ce processus est simple : « Un soldat formé, c'est une communauté transformée. »

Former des soldats, c'est préparer l'avenir de la CERB et du Burundi tout entier. C'est croire que chaque vie changée est une semence pour la paix, la justice et la fraternité. C'est aussi reconnaître que la formation n'a jamais de fin : chaque génération doit inventer ses propres outils et ses propres chemins, dans l'écoute de l'Esprit et la fidélité à la Parole. Ainsi s'ouvre une nouvelle étape, faite des défis de la maturité, de la gestion de la croissance et des tensions entre tradition et innovation, qui seront approfondis dans les chapitres suivants.

Chapitre 13

Grandir sans se perdre : traditions, innovations et fidélité

La croissance rapide de la Communauté des Églises du Rocher (CERB) a toujours été une source de joie, mais aussi de questionnements. Comment continuer à grandir sans perdre son âme ? Comment innover sans se couper de ses racines ? Comment rester fidèle à la vision première, tout en s'ajustant aux défis d'un monde en mutation ? Pour la CERB, ces questions ne sont pas abstraites : elles traversent le quotidien de chaque église, chaque famille, chaque responsable.

Dès les débuts, la CERB s'est voulue fidèle à la Parole, au souffle de l'Esprit, et à la vision reçue : faire de tous des soldats, bâtir sur le Roc, servir la société. Mais au fil des ans, des traditions se sont créées : façons de prier, habitudes dans la louange, forme des cultes, rites d'accueil des nouveaux, organisation des groupes de maison. Ces traditions, bien qu'utiles, risquent parfois de devenir des carcans, voire des motifs de tension entre générations.

Les jeunes, exposés aux réseaux sociaux, à la mondialisation, à la diversité des expressions chrétiennes, aspirent à de nouvelles formes d'engagement : concerts de louange modernes, débats sur les questions de société, utilisation des outils numériques, implication dans des causes sociales. Certains anciens, attachés à la sobriété et à la profondeur des commencements, craignent une dilution de l'essentiel.

La CERB fait alors le choix du dialogue intergénérationnel et interculturel. Des forums sont organisés où chacun peut exprimer ses attentes, ses peurs, ses rêves. On relit ensemble les fondements : qu'est-ce qui est non-négociable ? Quelles formes peuvent évoluer ? La Parole, la prière, la fraternité, le service et la mission restent le cœur ; tout le reste peut être adapté, revisité, enrichi.

Au cours des dernières années, la vie de la CERB a été profondément marquée par une série d'innovations qui témoignent de la vitalité et de la créativité de la communauté. L'une des évolutions les plus visibles concerne la louange et les arts. Les jeunes ont introduit de nouveaux instruments tels que les guitares électriques et les percussions électroniques, renouvelant ainsi l'atmosphère des cultes. Ils composent désormais des chants en kirundi, en français et en anglais, donnant une dimension plurilingue et contemporaine à la louange. Des spectacles de théâtre biblique sont également organisés, tandis que la danse et la peinture trouvent leur place lors de cultes spéciaux. Ces nouvelles formes artistiques ne viennent pas remplacer les cantiques traditionnels, mais les enrichissent et créent des ponts entre les générations et les sensibilités.

L'essor des outils numériques constitue une autre avancée majeure. Sous l'impulsion d'Éric Niyonzima et de son équipe, l'utilisation des groupes WhatsApp, des podcasts, et des vidéos en direct des cultes ou des formations est devenue monnaie courante, facilitant la participation des membres éloignés ou expatriés. Des plateformes numériques ont été créées afin de partager des ressources spirituelles, lancer des campagnes de prière et organiser des séminaires en ligne, rendant la vie communautaire plus accessible et interactive que jamais.

L'engagement social de la CERB s'est également renouvelé face aux défis du pays. De nouveaux projets émergent, tels que des campagnes de sensibilisation à la paix, des actions contre les violences domestiques ou des engagements écologiques à travers le reboisement et la gestion des déchets. Des ateliers sur la citoyenneté et les droits humains sont organisés afin de former des membres responsables et actifs dans la société. On remarque également que de jeunes avocats, journalistes et entrepreneurs prennent de plus en plus la parole dans l'espace public, assumant leur foi comme moteur de leur engagement citoyen.

Enfin, la diversification des formes de culte participe à cette dynamique innovante. Outre les cultes dominicaux classiques, la CERB propose désormais des "Brunchs de la Parole", des veillées à thème, et des cultes en plein air ou dans des lieux inhabituels comme les marchés, les écoles ou les hôpitaux. Ces initiatives visent à rejoindre de nouveaux publics et à toucher ceux qui, pour diverses raisons, ne fréquentent pas le siège de l'église. L'ensemble de ces innovations traduit la volonté de la CERB de rester fidèle à son message tout en s'adaptant avec discernement et audace aux besoins et aux réalités de son temps.

Les tensions et résistances

Toute innovation, aussi porteuse soit-elle, ne va jamais sans son lot de questionnements et, parfois, de résistances franches. Au sein de la communauté, certains membres expriment une nostalgie sincère pour la simplicité des débuts, regrettant une époque où les pratiques semblaient plus stables et familières. D'autres s'inquiètent que les évolutions introduites puissent représenter une forme "d'importation" de styles ou de coutumes étrangères, en décalage avec l'identité locale, ou craignent que la communauté ne cède à la tentation de suivre aveuglément les modes du moment. Ces préoccupations sont d'autant plus aiguës que les changements touchent parfois à des symboles forts de l'appartenance : le choix des chants, la place des femmes dans la vie communautaire ou encore l'usage du téléphone portable pendant les rencontres. Autant de sujets qui, loin d'être anecdotiques, cristallisent des visions du monde, des attachements, et parfois des blessures enfouies.

Dans ce contexte, des tensions et des conflits peuvent surgir, révélant la diversité des sensibilités et la profondeur des enjeux. Il n'est pas rare que les discussions autour du répertoire musical deviennent le théâtre de désaccords passionnés entre partisans de la tradition et amateurs de nouveautés. La question de la place des femmes, elle aussi, suscite débats et remises en question, chacun cherchant à comprendre ce que signifie, aujourd'hui, vivre une véritable égalité dans le respect de la foi. Enfin, l'arrivée des technologies dans la vie communautaire, notamment l'usage du téléphone pendant les rencontres, est vécue par certains comme une intrusion, voire une menace pour la qualité de la présence et de l'écoute mutuelle.

Face à ces défis, les responsables de la CERB puisent dans la pédagogie patiemment élaborée au fil du temps. Plutôt que d'imposer d'en haut des solutions toutes faites, ils choisissent la voie de l'écoute active, de la médiation et de la formation continue. Lors des assemblées, on prend le temps de relire ensemble ce que dit la Bible sur des questions telles que l'adaptation, la créativité ou l'accueil des différences. On s'appuie sur l'exemple du Christ lui-même, qui n'a cessé de bousculer les habitudes religieuses de son temps pour rejoindre les cœurs, ouvrir des chemins nouveaux et rappeler l'essentiel de l'amour de Dieu. Cette démarche collective, faite de patience, de dialogue et de prière, permet non seulement de désamorcer les tensions, mais aussi de transformer les conflits en occasions de croissance et d'approfondissement de la communion fraternelle. Ainsi, la communauté apprend à avancer ensemble, fidèle à ses racines tout en s'ouvrant sans crainte au souffle de l'Esprit qui renouvelle toute chose.

Fidélité créative : les choix de la CERB

La CERB a progressivement élaboré ce qu'elle appelle une « théologie de la fidélité créative ». Cette approche repose d'abord sur une fidélité indéfectible à l'essentiel. Les piliers que sont la prière, l'attachement à la Parole, la communion fraternelle, le service et la mission demeurent invariables, quels que soient les changements de contexte ou d'époque. Rien ne vient remettre en cause ces fondements qui structurent la vie spirituelle et communautaire de l'Église.

Dans le même temps, la communauté encourage une grande créativité dans les moyens d'expression et d'action. Les formes de culte, les outils pédagogiques, les méthodes d'évangélisation ou les supports de formation sont libres d'évoluer et de s'adapter aux réalités contemporaines, à condition que leur objectif reste la croissance spirituelle des membres et le renforcement de la fraternité. Cette ouverture à l'innovation permet d'intégrer de nouveaux talents, d'explorer de nouveaux horizons et de rejoindre des personnes jusque-là éloignées de l'Église.

Toutefois, chaque nouveauté introduite fait l'objet d'une évaluation régulière et attentive. Les responsables et les membres se posent des questions essentielles : cette initiative porte-t-elle du fruit ? Permet-elle à plus de personnes de rencontrer Dieu ? Renforce-t-elle l'unité ou, au contraire, crée-t-elle des divisions au sein de la communauté ? Cette vigilance constante garantit que la créativité reste au service de l'Évangile, sans jamais perdre de vue l'essentiel.

La CERB attache également une grande importance à la transmission et à la mémoire collective. On veille avec soin à honorer la mémoire des anciens, à transmettre les récits fondateurs pour les ouvrir aux jeunes générations. Ainsi, le patrimoine spirituel et culturel de la communauté n'est pas figé, mais continuellement enrichi et partagé, dans un dialogue respectueux entre passé et présent.

Cette dynamique trouve un écho concret dans de nombreux récits de transformation et d'équilibre. Une jeune équipe de louange, par exemple, a surmonté des tensions avec les anciens en proposant un culte intergénérationnel : chaque groupe y a apporté un chant, un témoignage ou une prière dans son propre style. L'émotion lors de cette célébration était palpable, chacun découvrant la richesse que représente la diversité des expressions de foi. De son côté, Maman Mugisha, doyenne respectée de l'église, a commencé à animer des partages bibliques via WhatsApp pour ses petits-enfants installés à l'étranger.

Elle a ainsi découvert avec joie que la technologie pouvait elle aussi servir la transmission vivante de la foi, même à distance.

Dans une autre initiative, un groupe de jeunes avocats formés à la CERB a lancé une campagne de sensibilisation contre la corruption. Ils ont invité les anciens à venir témoigner de leur expérience de résilience et d'intégrité pendant les années difficiles, créant ainsi un pont entre les générations et rappelant que la fidélité et la créativité peuvent aller de pair pour relever les défis de la société. À travers ces exemples concrets, la CERB démontre qu'il est possible de rester solidement ancré dans ses valeurs tout en s'ouvrant aux évolutions et aux besoins du temps présent.

L'Esprit souffle où il veut

Au cœur de ces changements, la CERB garde une conviction : l'Esprit de Dieu précède, inspire, renouvelle. Il ne craint pas la nouveauté, mais il conduit toujours vers plus d'amour, de justice, de vérité. La fidélité n'est pas la répétition mécanique du passé, mais la capacité à discerner, à oser, à avancer ensemble, enracinés dans le Roc mais ouverts à la brise du large.

Grandir sans se perdre, c'est marcher humblement, main dans la main, jeunes et anciens, hommes et femmes, chacun apportant sa pierre à l'édifice. C'est bâtir une Église vivante, audacieuse, fidèle à l'Évangile et attentive aux signes des temps.

Le Burundi, situé au cœur de l'Afrique des Grands Lacs, porte en lui une histoire aussi riche que douloureuse. Les décennies ont vu se succéder des périodes d'espoir et de tragédie, de paix fragile et de flambées de violence, de progrès prometteurs et de retours en arrière. La Communauté des Églises du Rocher, profondément enracinée dans cette terre, ne peut rester indifférente à ce contexte mouvant et parfois éprouvant. Pour la CERB, la foi ne se vit pas repliée sur elle-même : elle est appelée à rayonner, à guérir, à transformer, surtout là où la division et l'injustice semblent régner. Le témoignage chrétien prend alors tout son sens dans l'engagement concret au service de l'unité, de la justice et du bien commun.

L'unité, au sein de la CERB comme dans la société burundaise, demeure un combat de chaque jour. Dès sa création, la communauté a choisi d'être interethnique, intergénérationnelle et ouverte à toutes les couches sociales.

Pourtant, la société environnante, marquée par des décennies de tensions ethniques, de méfiances régionales et de fractures économiques, impose une pression constante et parfois insidieuse sur l'Église. L'unité n'est jamais acquise : elle doit se construire, se cultiver, se défendre face aux vieilles blessures et aux courants de division.

Des témoignages concrets de fraternité émergent cependant, porteurs d'espérance. Dans le groupe de maison de Benga, par exemple, une femme hutu et un homme tutsi, tous deux rescapés de la crise de 1993, animent ensemble un atelier sur le pardon. Leur histoire commune, autrefois inimaginable, devient aujourd'hui un symbole fort pour les jeunes générations. Lors d'événements tels que « La Nuit de l'Éternel », des prières sont élevées dans toutes les langues du pays et chaque province est bénie nommément, un geste simple mais porteur d'une puissance d'unité qui dépasse les mots. Pourtant, des défis persistent. Certains membres, marqués par leur histoire familiale ou locale, peinent parfois à fraterniser spontanément avec ceux venus « d'ailleurs ». Les tensions ressurgissent particulièrement lors des élections ou quand des difficultés économiques frappent davantage une région qu'une autre.

Pour répondre à ces défis, la CERB a mis en place différentes initiatives. Elle organise régulièrement des rencontres interculturelles, des repas partagés et des « dimanches de la réconciliation » durant lesquels chacun est invité à raconter son histoire, à écouter celle de l'autre, et à prier pour une guérison collective. Les leaders bénéficient d'une formation spécifique à la gestion des conflits, à la médiation et à l'écoute active, afin d'être mieux armés pour accompagner leur communauté. La CERB participe aussi activement aux mouvements œcuméniques pour la paix, envoyant des délégués lors de semaines de prière interéglises, de marches pour la paix, ou d'ateliers de dialogue avec les responsables musulmans et catholiques. Ainsi, la communauté s'efforce de dépasser les clivages internes pour devenir un modèle d'unité et de dialogue dans la société burundaise.

La question de la justice est tout aussi centrale pour la CERB, qui refuse de détourner les yeux des inégalités persistantes dans le pays. Le Burundi connaît encore de grands écarts de richesse, une corruption endémique, des injustices dans l'accès à la terre, et des discriminations à l'égard des plus vulnérables. Fidèle à l'enseignement des prophètes et de Jésus, la CERB s'engage sur le terrain social et refuse d'être une Église indifférente ou repliée sur le seul salut des âmes. Elle a institué un comité « Conseil d'Arbitrage » chargé de veiller à ce que l'Église soit un espace sûr et juste pour tous : l'équité dans l'aide sociale et la transparence dans la gestion des dons sont devenus des principes non négociables.

La CERB apporte également un appui juridique aux veuves, aux orphelins, et aux personnes spoliées de leurs biens lors des différentes crises. Elle mène régulièrement des actions de sensibilisation contre la corruption, que ce soit à travers des séminaires, des prédications ou des ateliers d'éducation civique, tant à l'intérieur de l'Église que dans la société. Des projets concrets voient le jour : microcrédits pour les femmes victimes de violence, appui scolaire pour les enfants défavorisés, campagnes de reboisement dans les zones marginalisées. Toutefois, cette implication sociale n'est pas sans obstacles. Face à l'immensité des besoins, certains membres sont tentés de se réfugier dans un discours purement spirituel, se contentant de « sauver les âmes ». D'autres subissent des pressions politiques ou économiques, car dénoncer l'injustice, même de manière prophétique et non partisane, expose parfois à des menaces ou à des incompréhensions.

Malgré cela, la CERB garde le cap en misant sur la formation des jeunes à la citoyenneté responsable, à la gestion éthique et à la prise de parole publique. Elle encourage ses membres à s'engager dans la vie associative, les syndicats, voire la politique, tout en leur rappelant l'importance de garder une distance critique et évangélique, pour que leur témoignage demeure crédible et désintéressé.

Le témoignage de la CERB ne s'arrête pas à la proclamation de la foi : il s'incarne dans le quotidien, dans les familles, les quartiers, les lieux de travail et les écoles. Dans les familles, la communauté accompagne les couples en crise, lutte contre les violences domestiques, et promeut l'éducation à la fidélité et au pardon. Dans les quartiers, elle organise des nettoyages collectifs, des fêtes de voisinage, ainsi que des ateliers pour la jeunesse portant sur la musique, le sport ou l'entrepreneuriat. Sur les lieux de travail, la CERB encourage l'honnêteté, la solidarité et l'excellence professionnelle comme autant de signes tangibles de la foi. Dans les écoles et universités, elle soutient la création de groupes de partage biblique et s'engage pour l'éducation des jeunes filles menacées par le décrochage scolaire ou les grossesses précoces.

La CERB ne cherche jamais à imposer la foi, mais à inspirer, à interroger, à attirer par la cohérence de la vie de ses membres. Plusieurs non-chrétiens témoignent avoir été touchés par la paix qui règne dans les groupes CERB ou par le soutien concret reçu lors d'un deuil, d'une maladie ou d'une situation d'injustice. Ce témoignage silencieux, mais persistant, façonne peu à peu l'image de la communauté au sein de la société burundaise.

Vivre l'unité, la justice et le témoignage demeure cependant un défi spirituel quotidien. Les découragements ne manquent pas, surtout lorsque les résultats tardent, que des membres retombent dans la division, ou que l'ampleur de la tâche semble écrasante. Les responsables insistent alors sur la prière persévérante, l'humilité, et la relecture des fruits déjà portés, même s'ils paraissent modestes. Un cycle de retraites annuelles « Foi et Justice » permettrant aux membres et aux leaders de relire ensemble, devant Dieu, leur engagement, leurs réussites, leurs faiblesses, et de repartir fortifiés pour la suite du chemin.

La CERB sait que ce chemin vers une société réconciliée et juste est long, qu'il exige persévérance, espérance et foi. Mais elle croit que le sel ne doit pas perdre sa saveur, et que la lumière, même modeste, éclaire la nuit la plus épaisse. Grandir dans l'unité, œuvrer pour la justice et témoigner dans la société burundaise constitue la vocation profonde de la communauté. Ce faisant, la CERB s'inscrit dans la longue lignée des Églises qui, sans bruit mais avec persévérance, changent peu à peu le visage d'un pays, une vie, une famille, un quartier à la fois.

Chapitre 14

Vers l'avenir : rêves, espérance et transmission

Il y a, dans le cœur de la Communauté des Églises du Rocher, une conviction profonde : l'histoire ne s'arrête jamais. Chaque étape franchie, chaque victoire ou chaque épreuve, chaque saison de croissance ou de remise en question, ne sont que des jalons sur le chemin que Dieu trace pour son peuple. Le passé inspire et éclaire, le présent appelle à la fidélité, mais l'avenir reste le terrain de la promesse et de l'audace.

Si l'on interroge les membres de la CERB sur leurs rêves pour demain, la diversité des réponses révèle la vitalité de la communauté. Les anciens expriment le désir de voir la paix et la réconciliation s'enraciner définitivement dans le pays, que la CERB reste un refuge où chaque blessé, chaque exclu, chaque chercheur de sens trouve accueil et guérison. Les jeunes rêvent d'une Église encore plus ouverte, inventive, capable de dialoguer avec le monde, de répondre aux défis environnementaux, aux questions économiques, à la mondialisation numérique.

Certains leaders portent la vision d'étendre la présence de la CERB dans les zones rurales les plus isolées, d'ouvrir de nouvelles écoles, de lancer des centres de santé communautaires, de développer des projets agricoles collectifs pour lutter contre la pauvreté. D'autres rêvent de renforcer les liens avec les Églises sœurs d'Afrique et du monde, d'apprendre et de donner, dans une fraternité sans frontière.

Mais tous partagent une même espérance : que la CERB ne devienne jamais une institution figée, mais reste une communauté vivante, attentive à l'Esprit, humble et audacieuse, enracinée dans la foi et ouverte à l'avenir.

À la CERB, l'espérance est comprise comme un moteur de préparation responsable et de projection confiante vers l'avenir. Plutôt que d'attendre passivement des jours meilleurs, la communauté s'engage à anticiper les défis et à s'équiper pour les surmonter. Cela se traduit par une réflexion constante sur la formation des jeunes, l'accompagnement des familles et la création d'infrastructures qui répondront aux besoins futurs. Chaque projet, qu'il s'agisse de bâtir une nouvelle salle de culte, de lancer un programme éducatif ou d'étendre les actions sociales, est pensé dans une perspective où l'espérance donne le courage d'investir, d'innover et de croire que le meilleur est encore à venir.

Semer, dans cette dynamique d'espérance active, signifie poser aujourd'hui des gestes concrets qui porteront des fruits dans la durée. Les membres de la CERB sont encouragés à initier des actions, aussi modestes soient-elles, qui contribueront à transformer la société burundaise et l'Église elle-même. Cette semence prend de multiples formes : soutenir un enfant dans sa scolarité, initier un projet agricole, créer un petit groupe de prière ou d'entraide, ou encore proposer une formation professionnelle. Chacun se voit comme un ouvrier dans la grande œuvre de Dieu, semant ce qu'il a reçu, convaincu que toute graine de justice, de paix ou de solidarité finira par germer, même dans des contextes difficiles.

Bâtir, enfin, c'est l'expression concrète de cette espérance qui ne se contente pas de rêver mais construit avec patience et persévérance. Cela implique de s'investir dans des projets durables : ériger des lieux de rencontre, structurer des œuvres sociales, renforcer les liens communautaires et poser les bases d'une Église solide pour les générations à venir. À la CERB, on croit que chaque pierre posée aujourd'hui, chaque engagement pris, chaque relation tissée participe à l'édification d'un avenir meilleur. L'espérance active devient alors un appel constant à sortir de l'immobilisme, à travailler ensemble et à bâtir, pas seulement pour soi, mais pour toute la communauté et, au-delà, pour le Burundi tout entier.

À la CERB, investir dans la jeunesse est une priorité affirmée et vécue au quotidien. La communauté considère la transmission intergénérationnelle comme essentielle à la pérennité de ses valeurs et à l'épanouissement de son projet spirituel et social. Ainsi, la formation des jeunes ne se limite pas à l'enseignement religieux ou à la catéchèse : elle englobe le développement du sens des responsabilités civiques, l'apprentissage de l'intégrité, et l'acquisition de compétences pratiques. Pour soutenir cet objectif, des bourses d'études sont régulièrement attribuées à ceux qui veulent poursuivre leur parcours académique, permettant ainsi à des jeunes issus de milieux modestes d'accéder à de meilleures opportunités. Par ailleurs, la communauté renforce sans cesse ses programmes de mentorat, offrant aux jeunes l'accompagnement d'adultes expérimentés qui les guident, les encouragent et les aident à relever les défis de leur parcours personnel et professionnel.

La CERB veille également à offrir aux jeunes des espaces d'expression et d'innovation adaptés à leurs talents et à leurs aspirations. Des ateliers artistiques, des groupes de musique, des concours d'écriture ou de théâtre, mais aussi des clubs scientifiques ou des laboratoires d'innovation technologique voient régulièrement le jour au sein de la communauté. Ces initiatives permettent aux jeunes de développer leur créativité, d'explorer de nouveaux domaines et de prendre confiance en eux. L'Église n'hésite pas à ouvrir ses portes à ces formes d'expression, reconnaissant que l'art, la technologie et l'entrepreneuriat sont autant de moyens de servir Dieu et la société. À travers ces espaces, la CERB affirme que la jeunesse n'est pas seulement l'avenir, mais déjà le présent de l'Église et du pays.

Enfin, la participation active des jeunes à la vie communautaire est encouragée et valorisée. Leur voix est écoutée lors des assemblées générales, leurs propositions reçoivent une attention sincère, et leurs initiatives, même modestes, sont soutenues par l'ensemble de la communauté. La CERB considère que l'erreur fait partie intégrante du processus d'apprentissage : loin d'être sanctionnées, les erreurs des jeunes sont accueillies avec bienveillance et utilisées comme des occasions de grandir ensemble. Cette approche crée un climat de confiance, où chacun peut oser, expérimenter et apprendre sans crainte du jugement. En investissant ainsi dans la jeunesse, la CERB sème les graines d'une Église vivante, ouverte sur le monde et résolument tournée vers l'avenir.

La CERB reconnaît que les familles sont les premières écoles de la foi, de la vie et des valeurs. C'est au sein du foyer que s'enracinent les convictions, les habitudes de prière, le goût du pardon et le sens de la solidarité. Consciente de cette réalité, la communauté met un point d'honneur à accompagner les parents dans leur mission éducative. Des rencontres régulières sont organisées pour échanger sur les défis du quotidien, partager des outils concrets et créer un réseau de soutien où chacun peut exprimer ses difficultés sans crainte du jugement. La CERB propose également des ateliers sur la parentalité, où l'on aborde des sujets tels que l'écoute active, la communication non-violente, la gestion du temps et le développement d'un climat familial propice à l'épanouissement de tous les membres.

Les enseignants et éducateurs occupent une place centrale dans la stratégie de transmission des valeurs promue par la CERB. La communauté les soutient à travers la formation continue, l'accès à des ressources pédagogiques adaptées et la création de groupes d'entraide professionnelle. Des séminaires sont régulièrement tenus pour renforcer leurs compétences en gestion de classe, en résolution de conflits et en intégration des principes de paix et de justice dans leur enseignement. La CERB veille également à valoriser le travail des éducateurs, à les encourager dans leurs efforts quotidiens et à reconnaître, lors de célébrations ou de rencontres, le rôle déterminant qu'ils jouent dans la formation des jeunes générations.

Enfin, face aux multiples pressions qui pèsent sur les couples et les familles, la CERB propose un accompagnement spécifique dans les moments de crise ou de transition. Les conseillers conjugaux et les équipes de soutien sont formés pour aider les couples à traverser les difficultés relationnelles, à renforcer leur communication et à retrouver l'équilibre entre vie professionnelle, responsabilités familiales et engagement communautaire. Des sessions d'éducation à la paix et à la justice sont intégrées dans les programmes familiaux, afin d'encourager l'adoption de comportements solidaires et responsables dès le plus jeune âge. Par cette approche globale et attentive, la CERB s'efforce de bâtir des familles solides, capables de transmettre aux générations futures une foi vivante et des valeurs porteuses d'espérance.

La CERB attache une valeur particulière à la préservation de la mémoire collective, convaincue que l'histoire partagée est un socle sur lequel se construit l'identité d'une communauté. Pour cela, elle encourage activement la rédaction de témoignages personnels et la création d'archives communautaires. Les membres sont invités à écrire leurs parcours de foi, à consigner les moments marquants de leur vie spirituelle, ainsi qu'à recueillir des documents, des photos ou des objets témoignant du chemin parcouru par la communauté. Cette démarche vise à garder vivante la mémoire des débuts, des défis surmontés, des miracles reçus et des engagements pris au fil des années.

Parallèlement à l'écrit, la CERB mise aussi sur des supports audiovisuels modernes pour toucher un public plus large et diversifié. La réalisation de films documentaires, de courts-métrages ou de podcasts permet de raconter l'histoire de la communauté de manière vivante et accessible. Les épisodes de résilience, de pardon et de mission sont ainsi mis en scène, donnant la parole aussi bien aux fondateurs qu'aux membres plus récents. Ces supports sont diffusés lors des cultes, des retraites, mais aussi sur les réseaux sociaux et les plateformes numériques, afin de rejoindre la diaspora, les jeunes générations et tous ceux qui s'intéressent à l'héritage de la CERB.

La transmission orale et l'intergénérationnel occupent une place centrale dans ce travail de mémoire. Les jeunes sont encouragés à mener des entretiens avec les anciens, à recueillir leurs souvenirs, à écouter leurs récits de foi, d'épreuves et de victoires. Ces moments d'échange sont organisés sous forme d'ateliers, de veillées ou de projets scolaires et communautaires. Ils permettent aux jeunes de découvrir, à travers la parole vivante de leurs aînés, la richesse du passé, la valeur de la persévérance et la réalité des défis surmontés. Ce dialogue entre générations nourrit l'inspiration, renforce les liens et invite chacun à inventer, à partir de cet héritage, des chemins nouveaux pour le futur.

Enfin, cette dynamique de mémoire partagée ne se limite pas à un exercice d'archives ou de commémoration : elle devient source de créativité et de mission. Les histoires recueillies et partagées nourrissent la prédication, inspirent des projets artistiques, suscitent de nouvelles vocations et motivent l'engagement social. En puisant dans l'histoire collective, la CERB invite chaque membre à s'approprier cet héritage, à en être le témoin vivant et à écrire, à son tour, une page nouvelle de la grande aventure commune. Ainsi, la mémoire n'est pas seulement gardée : elle est vivante, féconde et orientée vers l'aveni

À la CERB, la transmission ne se limite pas à la simple transmission de connaissances ou de doctrines ; elle est avant tout un art de la relation, un tissage patient et créatif de liens entre les générations. La communauté veille à ce que chaque âge ait sa place, sa voix et son rôle dans la vie collective. Loin de séparer les jeunes des anciens, elle cherche à créer des espaces où ils peuvent se rencontrer, dialoguer et collaborer. Les retraites intergénérationnelles et les cultes animés ensemble deviennent ainsi des laboratoires vivants d'échange et de croissance mutuelle. Dans ces temps forts, chacun apporte sa part : la sagesse de l'expérience, l'élan de la jeunesse, l'écoute bienveillante, l'énergie créatrice. Les projets communs, qu'ils soient artistiques, sportifs, sociaux ou spirituels, sont l'occasion de se découvrir autrement et d'apprendre à marcher côte à côte.

Des exemples concrets illustrent cette dynamique. Ainsi, un aîné, marqué par le drame de la guerre civile mais fort d'un long chemin de résilience, anime un atelier d'écriture pour les jeunes. Il leur offre un espace où ils peuvent mettre en mots leurs rêves et leurs peurs, mais aussi entendre, à travers son récit, la force du pardon et de la reconstruction. Ce partage d'histoire devient un acte fondateur : il donne du sens au passé et ouvre un horizon d'espérance pour l'avenir. De leur côté, de jeunes professionnels issus de la communauté s'engagent auprès d'enfants des rues. Ils leur transmettent à la fois des savoir-faire (le football, le codage informatique) et des savoir-être, initiant ces enfants à la prière et à la solidarité. À travers cette démarche, ils deviennent à leur tour passeurs de valeurs et bâtisseurs de ponts entre mondes différents.

La transmission à la CERB revêt aussi un visage très personnel et intime. Une grand-mère, formée à l'accompagnement spirituel, consacre chaque semaine du temps à recevoir de jeunes filles en situation de détresse. Elle leur offre une écoute attentive, un conseil sage, parfois une simple prière partagée dans la discrétion. Ce geste, humble en apparence, porte en lui une force de guérison et de réconciliation. Il témoigne de la conviction profonde que chaque rencontre entre générations peut être source de vie nouvelle, de confiance retrouvée et d'espérance partagée.

Cette vision de la transmission, profondément relationnelle et participative, fait la richesse de la CERB. L'Église ne se pense pas comme une institution figée, mais comme un corps vivant où la complémentarité des âges et la circulation des savoirs sont essentielles. Chacun est invité à donner et à recevoir, à enseigner et à apprendre, à porter et à se laisser porter. C'est dans cette capacité à apprendre les uns des autres, à accueillir la différence comme une richesse, que la communauté puise sa force et sa fécondité. Ainsi, la transmission devient une aventure collective, une œuvre d'art vivante où chaque génération, à sa manière, contribue à bâtir un avenir commun, enraciné dans la mémoire et ouvert à la promesse.

Toutefois, l'avenir de la CERB, comme celui du Burundi et de bien d'autres sociétés, se dessine à l'horizon avec son lot d'incertitudes et de défis majeurs. La communauté observe avec lucidité la montée des individualismes et la tentation du repli identitaire, phénomènes accentués par les crises économiques et les tensions sociales. Elle se confronte aussi aux enjeux propres à la mondialisation, tels que l'exode rural, l'émigration des jeunes vers d'autres pays en quête de meilleures perspectives, et les difficultés croissantes liées à la fragilité économique de nombreuses familles. Par ailleurs, les défis écologiques deviennent de plus en plus pressants, tandis que la société burundaise affronte également le risque de divisions internes et d'instrumentalisations politiques qui peuvent menacer l'unité tant au sein de la nation que de la communauté ecclésiale.

Face à ces réalités, la CERB ne se contente pas de réactions ponctuelles ou de résolutions superficielles. Elle investit résolument dans la formation de ses membres, misant sur le développement du discernement personnel et collectif. Comprendre les signes des temps, dialoguer avec la société de manière constructive, et s'engager en tant que citoyens responsables sont au cœur de ses priorités éducatives. La gestion des conflits, qu'ils soient internes à la communauté ou liés à l'environnement social plus large, fait l'objet de sessions spécifiques et de formations continues pour les leaders et les membres impliqués. Cette stratégie vise à doter la communauté de compétences solides pour prévenir les divisions et entretenir un climat de dialogue et d'écoute, même dans les moments de tension.

La CERB sait également qu'aucune Église ne peut affronter seule les défis du monde contemporain. C'est pourquoi elle s'ouvre de plus en plus à la collaboration avec d'autres Églises, ONG, et mouvements citoyens. Cette ouverture ne se fait pas dans un esprit de compétition ou de prosélytisme, mais dans une attitude de service et d'humilité, convaincue que les grandes causes – justice sociale, paix, protection de l'environnement, défense des plus vulnérables – dépassent les frontières confessionnelles. Des plateformes de dialogue interreligieux sont ainsi encouragées, tandis que des partenariats pratiques se développent autour de projets environnementaux, éducatifs ou sociaux. Ces collaborations nourrissent la capacité de la CERB à être présente et pertinente dans les débats et les actions d'aujourd'hui.

Enfin, anticiper les nouveaux défis, c'est aussi cultiver la flexibilité et l'innovation. La communauté encourage l'émergence d'idées nouvelles, la prise d'initiatives, l'expérimentation de formes de service adaptées aux réalités actuelles. Elle veille à ce que ses structures internes restent souples et ouvertes au changement, afin de ne pas succomber à la routine ou à la sclérose institutionnelle. Les jeunes générations, en particulier, sont invitées à jouer un rôle moteur dans cette dynamique d'anticipation : leurs visions, parfois audacieuses ou déroutantes, sont accueillies comme des signes de vitalité et des ressources précieuses pour inventer l'Église de demain. Ainsi, la CERB affirme sa volonté d'affronter l'avenir non pas dans la crainte ou la nostalgie, mais avec courage, discernement et créativité, fidèle à sa mission d'être sel de la terre et lumière du monde, quelles que soient les tempêtes à venir.

Au terme de ce parcours, la Communauté des Églises du Rocher du Burundi se reconnaît comme une Église en marche, consciente que son histoire reste ouverte et vivante. Chaque jour, à travers les choix individuels et collectifs, les prières silencieuses ou partagées, et les engagements concrets de ses membres, une nouvelle page s'écrit. La CERB ne se repose pas sur ses acquis, ni sur une nostalgie du passé : elle sait que la fidélité à son appel se joue dans la dynamique du présent, dans la capacité à accueillir chaque saison avec sa part d'incertitude, de nouveauté et de promesse. Ce qui a été reçu au fil des années — dans la confiance, l'épreuve, la joie comme dans la fidélité quotidienne — n'est pas un patrimoine à conserver jalousement, mais une richesse à donner, à partager, à multiplier sans cesse.

Ce mouvement de transmission et d'ouverture s'enracine dans une promesse qui fonde toute espérance : « Je suis avec vous tous les jours, jusqu'à la fin du monde. » Cette parole du Christ, reçue comme un roc inébranlable, traverse les générations et donne à la communauté la force de persévérer, même au cœur de l'adversité. Elle rappelle que, malgré les incertitudes de l'histoire et les défis du présent, la présence fidèle de Dieu accompagne chaque pas du chemin. Cette assurance ne rend pas la CERB immobile ou satisfaite, mais la stimule à aller de l'avant, à chercher sans relâche comment servir, aimer et témoigner de l'Évangile dans un monde en constante évolution.

C'est dans cette perspective que la CERB choisit de rester une Église vivante, servante et prophétique. Loin de se replier sur elle-même, elle veut être attentive aux signes des temps, à l'écoute des besoins de la société burundaise et ouverte aux appels de Dieu. Être une Église vivante, c'est oser innover dans la louange, dans les formes de culte, dans l'engagement social et la formation des jeunes ; c'est aussi savoir relire son histoire pour y discerner les traces de l'Esprit, et s'inspirer du passé pour inventer l'avenir. Être une Église servante, c'est refuser la tentation du pouvoir ou de la domination, et choisir la voie de l'humilité et du service, auprès des plus vulnérables comme au cœur de la cité. Être prophétique, enfin, c'est avoir le courage de dénoncer l'injustice, de proposer des chemins de réconciliation et de paix, et de rappeler sans relâche la dignité et la vocation de tout être humain.

Cet horizon ouvert appelle chaque membre à la responsabilité et à la confiance. L'avenir de la CERB ne dépend pas d'un petit groupe de leaders ou de quelques initiatives spectaculaires, mais de la fidélité humble et créative de tous. Chaque prière, chaque acte de solidarité, chaque parole de réconfort ou d'encouragement contribue à bâtir la communauté et à faire rayonner l'espérance. Ainsi, la CERB entend continuer à avancer, portée par ses rêves, son espérance et sa volonté de transmission, au service de Dieu et de la société burundaise, aujourd'hui et pour les générations à venir. Au cœur de l'incertitude, elle sait que l'horizon reste ouvert, car la promesse de Dieu demeure : il marche avec elle, aujourd'hui comme demain.

Partie II

Reconstruire sur le Rocher :

Le Temps des Disciples

Chapitre 15

À la Croisée des Chemins

Il est des histoires où le souffle de l'Esprit traverse les générations, bouscule les certitudes, ébranle les institutions, et remet sans cesse les croyants sur la route de la fidélité. La Communauté des Églises du Rocher (CERB), au Burundi, incarne l'une de ces histoires : surgie d'une vision portée par la prière, bâtie dans la simplicité et le courage, éprouvée par les vents contraires de l'Histoire, elle a connu l'élan, la croissance, puis la secousse du doute et de la désillusion.

Ce second tome, "Reconstruire sur le Rocher : Le Temps des Disciples", prend racine dans une période de crise profonde. Après des débuts fulgurants sous la conduite inspirée de son fondateur, Nduwindavyi Ferdinand, la CERB se retrouve à la croisée des chemins. Un nouveau leadership, loin de poursuivre l'élan initial, ferme des portes, suspend les projets de développement, laisse les jeunes églises sans appui ni direction. L'élan missionnaire faiblit, l'espérance s'émousse, et dans le silence qui s'installe, beaucoup s'interrogent : comment une œuvre née d'une telle ferveur a-t-elle pu s'enliser dans l'immobilisme ?

Au cœur de cette tempête, Ferdinand refuse de se complaire dans la nostalgie ou la rancœur. Dans le secret de la prière, il cherche à comprendre, à écouter à nouveau Celui qui lui avait confié la vision du commencement. Ce chemin de solitude, de dépouillement et de fidélité, devient pour lui une école nouvelle : celle de la dépendance radicale à Dieu. C'est là, dans l'intimité retrouvée avec le Seigneur, qu'il reçoit la deuxième partie de la vision : "Construire les disciples qui vont construire le Royaume de Dieu".

Cette révélation n'est pas qu'un correctif aux erreurs du passé : elle est une étape logique, une maturation, un appel à aller plus loin, plus profond, plus vrai. Elle vient répondre à des dérives constatées : la tentation du népotisme, la fascination pour les biens matériels, le culte de la personnalité, l'illusion de tout savoir, la perte de la flamme originelle. À travers ce nouveau cap, Dieu invite la communauté à se détourner des faux appuis et à revenir à l'essentiel : faire grandir des disciples solides, capables de porter la mission, de bâtir le Royaume avec humilité, audace et discernement.

Ce livre n'est pas un réquisitoire contre des personnes, mais un appel à la lucidité spirituelle. Il retrace, dans un style narratif vivant, les événements, les choix, les épreuves et les recommencements qui jalonnent cette transition. Le récit s'attarde sur les blessures, mais surtout sur les renaissances. Il donne à voir comment, au sein même de la crise, Dieu travaille les cœurs, prépare des relèves, et suscite un renouveau là où tout semblait figé.

Chaque chapitre, nourri de réflexion spirituelle, invite le lecteur à se questionner : où en suis-je de ma propre fidélité à la vision ? Ai-je bâti sur le Rocher ou sur le sable des honneurs et des certitudes ? Suis-je prêt à devenir un disciple, non seulement dans la parole mais dans l'acte, dans le don, dans la transmission ?

"Reconstruire sur le Rocher : Le Temps des Disciples" est une invitation à la conversion permanente, à la vigilance intérieure, à l'espérance active. Loin d'être la chronique d'un échec, cette seconde partie est la promesse d'un nouveau départ. Il s'adresse à tous les bâtisseurs du Royaume, à tous ceux qui cherchent, qui doutent, qui tombent, mais qui se relèvent, à la suite du Christ, pour bâtir, ensemble, l'Église vivante de demain.

Chapitre 16

L'aube d'un crépuscule – Quand la vision chancelle

Il est des soirs dont la lumière n'est pas tout à fait celle du couchant, mais déjà l'ombre s'étend, silencieuse et incertaine. Dans le cœur de la Communauté des Églises du Rocher (CERB), c'est ce sentiment étrange qui s'est insidieusement installé au fil des mois. Un parfum d'inachevé, une inquiétude sourde, une impression que la flamme première vacille, que la vision reçue d'en-haut se trouble à mesure que l'on s'éloigne de la source.

Au commencement, il y avait eu cette énergie neuve, presque palpable, qui faisait vibrer les cultes, galvanisait les équipes, ouvrait les cœurs et les villages. Sous la conduite de Nduwindavyi Ferdinand, la CERB avait essaimé dans tout le Burundi, posant ici une école, là un centre de santé, ouvrant de nouvelles églises dans des régions souvent oubliées. L'élan semblait irrésistible : chacun, du plus jeune au plus âgé, sentait qu'il participait à une œuvre qui le dépassait, à la fois fragile et indestructible, enracinée dans la prière et portée par la certitude d'un appel.

Mais les histoires de foi connaissent aussi des saisons d'épreuve. Après le départ de Ferdinand de la direction, un nouveau leadership s'installe, promettant de poursuivre la route tracée. Pourtant, bien vite, des signes de rupture se multiplient. Les conseils ne résonnent plus de l'enthousiasme des premiers temps ; les réunions s'espacent, les décisions tardent, la parole circule moins librement. Les projets de développement, qui faisaient la fierté de la communauté, stagnent puis s'arrêtent. Les écoles ferment, les centres communautaires ne reçoivent plus de soutien, les jeunes églises attendent en vain une aide, un mot d'encouragement, un simple geste de solidarité.

Dans les villages, les fidèles s'interrogent. Que devient la promesse d'un avenir meilleur ? Où sont passés ceux qui venaient autrefois prier, enseigner, visiter les malades, bâtir des toits pour les orphelins ? Certains se replient sur eux-mêmes, d'autres se découragent. Les pasteurs récemment ordonnés, qui avaient tant espéré, peinent à garder leur troupeau uni. L'absence d'appui matériel et spirituel se fait cruellement sentir : il ne suffit pas d'avoir été envoyé, il faut être soutenu, accompagné, relevé dans les moments de doute.

Bientôt, des murmures traversent la communauté. On parle d'incompréhensions, de tensions, de choix obscurs. Le nouveau leadership, au lieu d'ouvrir la main, resserre l'étreinte : les décisions se prennent en cercle restreint, la transparence cède la place à la suspicion. Peu à peu, une autre dynamique s'installe : celle du népotisme, du favoritisme familial, du culte de la personnalité. Les réunions se transforment en cérémonies d'allégeance. Les talents les plus vifs, s'ils ne sont pas apparentés à la "bonne" famille ou ne chantent pas les louanges du chef, sont écartés, marginalisés, réduits au silence.

Pour beaucoup, c'est l'heure d'un crépuscule. Non pas celui d'un échec définitif, mais celui d'une vision qui chancelle, d'une espérance qui se fait plus ténue. Les anciens se souviennent des paroles de Jésus à l'Église d'Éphèse : "Je connais tes œuvres, ton labeur, ta persévérance… Mais j'ai ceci contre toi : tu as abandonné ton premier amour." (Apocalypse 2:2-4) La CERB, autrefois portée par une ardeur missionnaire, semble avoir perdu le fil de sa vocation.

Au cœur de cette nuit naissante, certains persistent néanmoins à croire que Dieu n'a pas dit son dernier mot. Dans la solitude de la prière, quelques voix s'élèvent, discrètes mais résolues : "Seigneur, relève ton Église. Rappelle-nous la vision. Ramène-nous à la source." Les plus lucides comprennent que la crise n'est pas seulement institutionnelle : elle est d'abord spirituelle, une épreuve de fidélité, un temps de purification. Comme l'or dans le creuset, la CERB traverse une saison de feu où tout ce qui n'est pas enraciné dans la Parole est appelé à tomber.

Ferdinand n'est pas dupe des apparences. Il observe de loin, souvent dans la douleur, les fruits amers de l'orgueil et de la division. Mais il refuse de céder à l'amertume. Il continue d'aimer cette Église, même blessée, même défigurée par les jeux humains. Pour lui, l'heure n'est pas au jugement, mais à l'intercession. Chaque matin, il se lève pour présenter à Dieu la communauté, ses pasteurs, ses jeunes, ses familles. Il prie pour la restauration, pour le réveil, pour que la vision première ne meure pas, mais renaisse, purifiée, approfondie.

Ce chapitre de l'histoire de la CERB ressemble à bien d'autres traversées de désert que connaissent les communautés de foi. C'est le temps de la nuit, mais aussi celui où Dieu travaille en silence, où il prépare les cœurs à recevoir une lumière nouvelle. Dans l'Écriture, c'est souvent au plus fort de la désolation que Dieu parle : à Abraham dans la stérilité, à Moïse dans l'exil, à Élie dans la caverne, à Jésus dans le jardin de Gethsémané.

La CERB, à l'aube de ce crépuscule, est invitée à la même attitude : ne pas fuir l'épreuve, mais y chercher la voix de Dieu. Car si la vision chancelle, ce n'est pas pour s'éteindre, mais pour être affinée, purifiée, renouvelée. C'est dans la nuit que germe le matin. Et déjà, dans le secret, Dieu prépare la suite du chemin.

Chapitre 17

Le nouveau leadership et l'ombre du népotisme

L'histoire de toute communauté humaine – et, peut-être plus encore, celle des communautés de foi – est jalonnée de moments où la qualité du leadership façonne l'avenir. À la CERB, l'arrivée du nouveau leadership aurait pu être l'occasion d'un renouveau, d'un approfondissement de la vision, d'un souffle nouveau sur les braises de la mission. Mais bien vite, une autre réalité se dessine, plus trouble, plus douloureuse : l'ombre du népotisme s'étend sur l'Église comme un voile qui obscurcit la lumière du commencement.

Ce glissement ne s'opère pas en un jour. Il s'insinue d'abord dans les détails : une nomination ici, une préférence là, une décision prise dans le cercle restreint de la famille ou des proches. Puis il s'installe, insidieusement, dans les structures mêmes de la communauté. Les réunions stratégiques, autrefois ouvertes et délibératives, deviennent l'apanage d'un petit groupe, uni par des liens de sang ou d'intérêts partagés. Les talents extérieurs au cercle familial sont relégués en marge, quels que soient leur zèle, leur compétence ou leur fidélité à la vision initiale.

Dans les couloirs, les murmures se font plus insistants. On se souvient avec nostalgie des premières années, où la diversité des dons était accueillie comme une richesse, où chaque membre, jeune ou vieux, pouvait faire entendre sa voix. Désormais, l'innovation est vue avec suspicion, la critique comme une trahison. L'autorité se confond avec l'obéissance aveugle ; l'appel de Dieu cède le pas à l'allégeance à la famille.

Ce n'est pas seulement une question de personnes, mais de principes. Le népotisme, dans le contexte de la CERB, n'est pas d'abord un abus de pouvoir au sens classique : il est le symptôme d'un repli, d'une peur du changement, d'une tentation de contrôler ce qui, par nature, devrait rester ouvert à la liberté de l'Esprit. Très vite, les conséquences se font sentir : la créativité s'étiole, la motivation baisse, l'élan missionnaire s'émousse.

Derrière les sourires affichés lors des cultes, beaucoup ressentent une gêne, un malaise difficile à nommer. Les jeunes, jadis porteurs d'initiatives audacieuses, se sentent invisibles. Les pasteurs des églises récemment implantées, dont la vitalité dépendait d'un accompagnement régulier, se retrouvent livrés à eux-mêmes, sans ressources ni écoute. Certains finissent par partir, d'autres restent dans l'amertume, plusieurs sombrent dans une routine spirituelle dépourvue de joie.

Dans cette atmosphère, le culte de la personnalité s'impose progressivement. Les messages insistent sur la loyauté au chef, sur la nécessité de défendre l'image de la direction, sur l'importance de la "famille" au détriment de la communauté élargie. La figure du leader, autrefois humble serviteur, devient presque intouchable, ses décisions ne se discutent plus. La peur de déplaire prend le pas sur la liberté de penser et de servir.

Pour la CERB, c'est une véritable épreuve de vérité. Le népotisme, loin d'être une simple stratégie de gestion, sape la dimension prophétique de l'Église. Il lui retire sa capacité d'appel, de discernement, d'envoi. L'Église, qui se voulait "Rocher", devient fragile, vulnérable aux divisions et à la lassitude.

Et pourtant, à travers cette crise, une question brûlante traverse les consciences : qu'est-ce que le leadership selon Dieu ? Qu'est-ce qu'un serviteur, sinon celui qui s'efface pour que d'autres grandissent ? Jésus n'a-t-il pas averti ses disciples : "Vous savez que les chefs des nations les dominent… Il n'en sera pas ainsi parmi vous. Mais quiconque veut être grand parmi vous, qu'il soit votre serviteur." (Matthieu 20:25-26)

Dans le secret de la prière, certains osent encore espérer qu'un sursaut est possible. Une poignée de responsables, conscients de la dérive, commencent à se réunir discrètement pour demander à Dieu la force de résister à la tentation du pouvoir, de défendre l'esprit de service, de raviver la flamme de l'écoute mutuelle. Ils relisent ensemble les Actes des Apôtres, se souvenant que le premier Église, malgré ses fragilités, avançait en discernant la voix de l'Esprit, en confiant les responsabilités à ceux dont la foi et la sagesse étaient reconnues de tous.

Mais la route sera longue. Le népotisme s'accroche, car il donne une illusion de sécurité ; le culte de la personnalité rassure, car il évite la remise en question. Pourtant, l'histoire de la foi est jalonnée de ces moments où Dieu renverse les puissants de leur trône et élève les humbles. Toute communauté qui oublie cette leçon s'expose à la stérilité, à la perte de sa vocation.

Dans les villages et les quartiers, la rumeur finit par se muer en prière : "Seigneur, donne-nous des leaders selon ton cœur." Certains commencent à rêver d'un retour à la simplicité, à la confiance, à l'écoute. Ils se rappellent que la force de la CERB n'est pas dans le nombre ou l'apparat, mais dans la fidélité à la vision originelle, dans l'humilité des serviteurs, dans la capacité à accueillir chaque membre comme un don précieux.

À l'ombre du népotisme, l'espérance ne meurt pas. Elle se fait plus ténue, plus audacieuse, plus priante. Car l'Église, même blessée, appartient à Celui qui l'a appelée à exister. Et dans le secret, Dieu prépare déjà un temps nouveau, où le leadership sera restauré, non par la force ou l'intrigue, mais par le retour à la source, par la conversion du cœur, par l'apprentissage du vrai service.

Chapitre 18

Jeunesse délaissée, églises oubliées : La fracture du soutien

Parmi les indicateurs silencieux de la santé d'une communauté, l'attention portée à sa jeunesse et à ses marges est sans doute l'un des plus révélateurs. Dans la CERB, on s'enorgueillissait naguère d'une dynamique unique : des jeunes engagés, audacieux, porteurs de projets culturels, sociaux, missionnaires ; des églises naissantes, implantées dans des villages reculés ou au cœur des quartiers populaires, tenues à bout de bras par des pasteurs novices mais enthousiastes. C'était là, dans ce foisonnement, que battait le cœur de la vision fondatrice : "Aller, bâtir, soutenir, transmettre."

Mais un vent contraire a soufflé, imperceptible d'abord, puis de plus en plus cinglant. Le nouveau leadership, replié sur sa sphère familiale, a peu à peu négligé ces forces vives. Les jeunes, jadis invités à prendre des responsabilités, à chanter, à prêcher, à organiser des retraites ou des actions humanitaires, se sont vus relégués à des tâches subalternes, privés de moyens, écartés des cercles de décision.

Dans les rencontres, leurs voix ne portent plus. Les propositions sont systématiquement repoussées, les initiatives découragées. "Il faut attendre, vous verrez plus tard", leur répond-on, comme pour signifier qu'ils ne sont pas encore dignes de confiance. Certains tentent de persister : ils organisent des groupes d'étude biblique, des visites aux malades, des campagnes d'alphabétisation. Mais l'absence de reconnaissance, le manque de ressources, la lassitude de prêcher dans le désert finissent par entamer leur enthousiasme.

Plus grave encore est le sort réservé aux jeunes églises, celles qui avaient été plantées à la faveur de la première grande vague missionnaire. Dans les plaines de l'ouest, sur les collines du sud, dans la périphérie des villes, de petites communautés s'étaient agrégées autour de l'Évangile, souvent dans la précarité, mais avec une ferveur inébranlable. Ces églises, fragiles par essence, dépendaient du soutien matériel et spirituel du centre : visites régulières, formations, envois de Bibles, aide à la construction, accompagnement des pasteurs.

Désormais, ce soutien s'est tari. Les responsables, absorbés par la gestion interne, n'ont plus le temps ni l'envie de parcourir les routes poussiéreuses. Les courriers restent sans réponse, les appels sans suite. L'aide promise n'arrive plus. Dans certaines églises, les bancs se vident peu à peu ; ailleurs, le pasteur, épuisé, doit reprendre un travail manuel pour survivre. Le découragement gagne. Les membres, se sentant abandonnés, cherchent ailleurs un appui, rejoignent parfois d'autres dénominations plus attentives à leurs besoins.

Cette fracture du soutien n'est pas seulement matérielle. Elle devient, pour beaucoup, une blessure spirituelle. "Où est l'Église ? Où est notre famille ?" s'interrogent les fidèles, déçus. Les pasteurs, parfois très jeunes, vivent douloureusement ce sentiment d'abandon. "Nous avons été envoyés sans être accompagnés", confie l'un d'eux au détour d'une visite inattendue de Ferdinand, venu en ami plus qu'en chef. Il écoute, prie, encourage, mais il sait que ses forces sont limitées, que le vrai soutien doit venir d'une communauté tout entière mobilisée.

Face à ce constat, quelques-uns tentent de résister. De petites solidarités se mettent en place : un ancien partage le peu qu'il a, un groupe de femmes vend ses récoltes pour financer l'achat de chaises ou de livres, des jeunes marchent des kilomètres pour aller chanter dans une église sœur. Mais ces efforts, aussi admirables soient-ils, peinent à compenser l'absence du centre, le mutisme des autorités, l'indifférence croissante.

Ferdinand, témoin de cette dérive, ressent une grande compassion mêlée d'impuissance. Il se souvient de la parole de Paul : "Si un membre souffre, tous les membres souffrent avec lui." (1 Corinthiens 12:26) L'indifférence n'est pas neutre : elle blesse le corps du Christ, elle affaiblit la mission, elle fait douter de la fraternité.

Dans ses prières, il confie au Seigneur cette jeunesse découragée, ces églises oubliées. Il supplie pour qu'un réveil de la compassion, du zèle missionnaire, de la solidarité jaillisse à nouveau. Car il le sait : la force d'une Église ne se mesure pas à la beauté de son temple ni à la renommée de son pasteur, mais à la qualité de l'attention portée aux plus petits, aux plus fragiles, à ceux qui n'ont rien d'autre à offrir que leur foi et leur fidélité.

À la CERB, le temps du repli a marqué une génération. Beaucoup de jeunes ont quitté, certains sont restés fidèles dans l'obscurité, d'autres ont transformé leur déception en prière ardente, espérant qu'un jour, la voix du Seigneur retentira de nouveau : "Lève-toi, relève les ruines, rebâtis la maison."

Et dans cette attente, une autre conviction germe, presque secrète : c'est par la jeunesse et les églises des marges que renaîtra la vision. C'est là que Dieu prépare ses disciples, loin du bruit des honneurs, au creuset de l'épreuve et de la fidélité silencieuse.

Chapitre 19

Le silence des projets : quand l'action s'arrête

Dans l'histoire de la CERB, les projets de développement social et communautaire étaient bien plus que des initiatives à succès : ils étaient la preuve vivante de la foi incarnée, le signe que l'Évangile pouvait se traduire en actes concrets, en écoles qui s'ouvrent, en dispensaires qui soignent, en puits qui désaltèrent et en enfants qui sourient. Sous la première impulsion visionnaire, chaque nouveau projet devenait une fête, une prière exaucée, un témoignage rendu à la bonté de Dieu et à la force du service en Église.

Mais ce temps semble désormais appartenir à la mémoire. Un à un, les projets ferment leurs portes ou tombent en léthargie. Les écoles autrefois animées de rires se vident, les dispensaires ferment faute de médicaments, les centres d'alphabétisation ne reçoivent plus ni enseignants ni élèves. Les murs, témoins muets de tant d'espérance, se fissurent, envahis par le silence et l'oubli. Pour les bénéficiaires, la désillusion est à la hauteur de la promesse : comment comprendre que ce qui avait été donné par amour soit aujourd'hui négligé ?

Ce silence n'est pas que matériel : il est aussi spirituel. Là où l'action s'arrête, le découragement s'installe. Les équipes, qui avaient appris à travailler ensemble, se dispersent. Les volontaires, privés d'objectifs clairs, s'essoufflent. La dynamique du "faire ensemble" s'effondre, laissant place à l'individualisme et à la résignation. La prière elle-même devient plus timide, plus formelle : on prie, mais sans y croire tout à fait, comme si Dieu lui aussi s'était retiré, laissant ses ouvriers sans consigne et sans plan.

Pourtant, la disparition de ces projets n'est pas seulement le fruit d'un manque de moyens ; elle est d'abord la conséquence d'un désengagement du leadership, d'une perte de la vision. Là où il n'y a plus de rêve commun, il ne reste que la gestion de l'existant – et bientôt, plus rien à gérer. Certains responsables, interrogés sur ces fermetures, évoquent la "volonté de Dieu", ou encore la "nécessité de se recentrer sur l'essentiel", sans jamais nommer la réalité du désinvestissement et du laisser-aller. D'autres, plus lucides, avouent à demi-mot leur impuissance : "On ne sait plus comment mobiliser, comment relancer…"

Dans les villages, la mémoire des premiers temps reste vive. Les habitants se souviennent de l'arrivée des équipes de la CERB, du soutien à l'achèvement d'une bâtisse ou un encouragement d'un frère. Ces souvenirs se racontent comme des paraboles : “Il fut un temps où l’Église n’était pas qu’un lieu de culte, mais une main tendue.” On se demande pourquoi ce zèle s’est éteint, pourquoi la flamme ne brûle plus que faiblement.

Pour certains, ce silence des projets est une épreuve de foi. Peut-on continuer à croire quand l’action s’arrête ? Faut-il tout attendre du centre, ou peut-on inventer d’autres formes de solidarité, d’autres manières de servir ? Quelques groupes, refusant la fatalité, tentent de poursuivre l’œuvre avec leurs moyens : une veuve ouvre sa maison pour accueillir des orphelins, un ancien enseigne bénévolement l’alphabétisation, des jeunes organisent une collecte pour réparer le toit d’un dispensaire. Mais ces initiatives peinent à prendre l’ampleur des projets d’antan, faute de coordination, de soutien, de vision partagée.

Ferdinand, témoin attentif de cette lente désagrégation, ressent une profonde tristesse. Il sait que l’arrêt des projets ne signe pas seulement la fin d’une époque, mais le risque d’une rupture plus grave : celle du lien entre foi et vie, entre Église et société. Il médite souvent ce passage du livre de Jacques : “À quoi cela sert-il, mes frères, que quelqu’un dise avoir la foi, s’il n’a pas les œuvres ? (…) La foi sans les œuvres est morte.” (Jacques 2:14,26)

Dans la prière, il confie à Dieu la lassitude de ceux qui ont tout donné, l’amertume de ceux qui se sentent trahis, l’attente de ceux qui espèrent encore. Il demande la grâce de ne pas sombrer dans la nostalgie, mais de discerner, dans ce silence, les premiers signes d’un renouveau possible. Car il le sait : Dieu ne s’arrête jamais d’agir, même quand les hommes baissent les bras.

Ce temps d’arrêt, douloureux et aride, pourrait être aussi un temps de purification. Un moment pour se souvenir que l’action n’a de sens que si elle jaillit de la foi, et que la foi elle-même s’éprouve dans la fidélité à la vision reçue. Peut-être que, dans l’obscurité du présent, Dieu prépare un nouveau printemps, une autre manière de servir, plus humble, plus fraternelle, plus proche de ceux qui n’ont jamais cessé d’espérer.

Dans la CERB, le silence des projets est un appel : revenir à la source, écouter à nouveau la voix du Seigneur, oser croire que l’Église peut renaître non de la puissance, mais de la pauvreté offerte, du service persévérant, de la foi humble et agissante.

Chapitre 20

L'ancien représentant : solitude, prière et fidélité

Au cœur du tumulte et du désenchantement, alors que la CERB semblait vaciller sur ses fondations, une silhouette se dessinait dans l'ombre, discrète mais tenace. Nduwindavyi Ferdinand, l'ancien représentant légal, n'était plus à la tête de la communauté ni sous les projecteurs. Pourtant, son absence du devant de la scène ne signifiait pas une rupture avec la mission reçue. Bien au contraire, c'est dans ce retrait, dans la solitude imposée par les circonstances, que s'entamait pour lui un chemin de fidélité plus exigeant encore.

La solitude, pour beaucoup, est une épreuve redoutée. Elle expose les failles, amplifie les doutes, laisse monter les regrets et les blessures du passé. Pour Ferdinand, ce fut d'abord un temps de lutte intérieure : comment accepter que l'œuvre commencée avec tant d'espérance et de sacrifices puisse s'effriter ainsi ? Où était Dieu dans ce silence, dans ce désert, dans cette cascade de déceptions ?

Mais la solitude, lorsqu'elle est vécue dans la foi, devient aussi un espace de rencontre. Ferdinand choisit de ne pas se perdre dans la plainte ou l'amertume. Loin de ses collaborateurs, loin des honneurs, loin même de la reconnaissance de ceux qu'il avait servis, il se mit à chercher la face de Dieu avec une intensité nouvelle. Il relut sa propre histoire, les premiers élans, les signes reçus, les moments de découragement surmontés autrefois par la prière. Il se rappela les nuits passées à intercéder pour la CERB, les promesses reçues, la certitude intime que Dieu ne pouvait pas abandonner son peuple.

Dans cette retraite forcée, la prière devint sa respiration. Non plus seulement des mots adressés à Dieu, mais une écoute patiente, un abandon, une disponibilité renouvelée. Ferdinand redécouvrit la puissance du silence, la fécondité des larmes versées devant l'autel invisible, la douceur d'une présence divine qui console, relève et façonne le cœur du serviteur. Dans la nuit de la foi, il apprit à renoncer à ses propres plans pour accueillir, sans comprendre, le mystère d'un Dieu qui écrit toujours droit avec des lignes courbes.

Il pria pour ceux qui lui avaient succédé, même s'il ne comprenait pas leurs choix. Il pria pour les jeunes déçus, pour les églises oubliées, pour les projets arrêtés, pour les familles divisées. Chaque nom, chaque visage, chaque lieu visité autrefois devint objet de supplication. Il confiait à Dieu ses propres blessures, demandant la grâce de ne pas sombrer dans la rancune, de garder un cœur pur et disponible pour les nouveaux appels.

Peu à peu, cette fidélité silencieuse porta ses fruits. Des frères et sœurs vinrent le trouver, cherchant un conseil, un réconfort, un mot d'espérance. Certains lui confiaient leur lassitude, d'autres leur colère, d'autres encore leur peur de l'avenir. Ferdinand écoutait, priait avec eux, partageait une parole d'encouragement. Mais il se gardait bien de fomenter la division ou de nourrir l'opposition. Sa prière était simple : "Seigneur, que ta volonté soit faite, que ton Église revive, que ta vision ressurgisse, purifiée et affermie."

Dans sa solitude, il trouva aussi un temps pour relire la Bible avec un regard neuf. Les récits de Joseph vendu par ses frères, de Moïse exilé au désert, de David poursuivi par Saül, de Paul oublié dans sa prison, prenaient une résonance particulière. Tous avaient connu la solitude, l'incompréhension, le temps du retrait. Mais c'est là, au creux de la nuit, que Dieu avait préparé leur relèvement, leur transformation, leur nouvelle mission.

Ferdinand comprit peu à peu que la fidélité ne consiste pas à réussir selon les critères visibles du monde ou même de l'Église, mais à rester attaché à la promesse, coûte que coûte. Il se rappela la parole de Jésus à ses disciples : "Celui qui demeure en moi et en qui je demeure porte beaucoup de fruit, car sans moi vous ne pouvez rien faire." (Jean 15:5) La fécondité du serviteur ne dépend pas de l'activité, mais de la communion, de la persévérance, de la capacité à se laisser façonner dans l'obscurité.

Ainsi, alors même que tout semblait perdu, Ferdinand se tenait debout, humble et fidèle, dans la prière. Il portait la communauté dans son cœur et sur ses genoux, convaincu que Dieu, tôt ou tard, relèverait l'œuvre entamée. Ce temps de solitude n'était pas une fin, mais un passage, une préparation à une nouvelle étape. Dans le silence, Dieu murmurait déjà la suite : il ne s'agissait pas de rebâtir sur de vieilles gloires, mais d'inventer un chemin neuf, plus profond, plus vrai.

Leçon pour notre temps : la fidélité, même dans l'ombre, même dans la défaite apparente, est le terreau où germent les renaissances. Quand tout s'arrête, quand le bruit se tait, c'est là que Dieu parle à nouveau. Et c'est au cœur de la prière silencieuse que s'échafaudent les plus grandes révolutions spirituelles.

Chapitre 21

Se reconnecter à la source : Dieu parle à nouveau

La nuit de la foi n'est jamais vide. Sous la cendre des déceptions, dans le silence de la solitude, une flamme demeure, fragile mais indestructible : le désir de Dieu. Pour Nduwindavyi Ferdinand, cette saison de retrait devint peu à peu, à son insu, un temps de réenracinement. Il ne s'agissait plus de porter une œuvre par la seule force de l'élan humain, ni de chercher dans l'activisme une consolation à la stérilité du temps présent. Il s'agissait, plus radicalement, de revenir à la source, à l'origine de tout appel, là où la vision première était née : dans la présence de Dieu.

Les premiers moments de ce retour furent faits d'attente, de lutte intérieure : tant de questions, tant de blessures, tant de rêves inachevés. Mais Ferdinand s'accrocha à une conviction profonde : Dieu ne se tait jamais pour punir, mais pour purifier, pour mûrir ses serviteurs, pour les rendre capables d'entendre un appel renouvelé. Il se souvenait de Samuel, jeune enfant, qui dut apprendre à reconnaître la voix du Seigneur au milieu des bruits du temple. Il repensa à Élie, épuisé et découragé, découvrant Dieu non dans le fracas du vent ou du feu, mais dans la brise légère d'une présence discrète.

Jour après jour, Ferdinand organisa sa vie autour de la prière. Il se leva tôt, avant l'aube, pour offrir à Dieu le silence du matin. Il relisait la Parole, non plus comme un manuel d'action, mais comme une lettre personnelle, adressée à ses doutes et à ses soifs. Les psaumes de lamentation devinrent ses compagnons : "Mon âme a soif de Dieu, du Dieu vivant ; quand irai-je et paraîtrai-je devant la face de Dieu ?" (Psaume 42:3) Il ne cherchait plus l'euphorie, mais la vérité nue : "Seigneur, que veux-tu de moi ? Que veux-tu pour ton Église ?"

Au fil des semaines, une paix nouvelle s'installa. Ce n'était pas la paix de l'insouciance, mais celle de l'abandon : savoir, au plus profond, que Dieu conduit l'histoire, même quand tout échappe à la compréhension humaine. Ferdinand découvrit la force paradoxale de la vulnérabilité. Il n'avait plus à prouver, ni à réussir ; il lui suffisait de demeurer disponible, comme Marie à l'Annonciation : "Qu'il me soit fait selon ta parole."

C'est alors que Dieu parla à nouveau. Non pas par des visions éclatantes ou des prodiges, mais par un enchaînement de signes, de paroles bibliques, de rencontres providentielles, d'intuitions intérieures. Un jour, en méditant l'appel de Jésus à ses disciples – “Venez à moi, vous tous qui peinez et ployez sous le fardeau, et je vous donnerai le repos” (Matthieu 11:28) – il comprit que la clé de la renaissance n’était pas dans la multiplication des œuvres, mais dans la formation d’hommes et de femmes enracinés en Christ.

Ce message se précisa peu à peu. Dieu semblait lui dire : “Ce n’est pas le nombre de projets, ni la taille des bâtiments, ni même la réputation de ton œuvre qui compte. Ce qui importe, c’est la solidité des disciples, la profondeur de leur enracinement, leur capacité à porter la vision sans la déformer, à résister aux tempêtes sans perdre la foi ni l’amour.” Ferdinand fut bouleversé. Il comprit que la CERB était appelée à un virage décisif: passer d’une Église de la performance à une Église de la profondeur, d’une communauté centrée sur le visible à une communauté façonnée dans le secret de la rencontre avec Dieu.

Dans les jours qui suivirent, les confirmations se multiplièrent. Un pasteur, de passage, lui parla de la nécessité de discipolat dans l’Église du Burundi. Un texte biblique, médité à l’improviste, l’invita à “aller et faire de toutes les nations des disciples” (Matthieu 28:19) plutôt que de se contenter de convertis ou d’adhérents. Une sœur, venue confier ses doutes, exprima son désir de grandir non seulement en connaissance, mais en maturité spirituelle, en capacité de servir, de résister à l’épreuve.

Ferdinand partagea ces intuitions avec quelques frères de confiance. Ensemble, ils discernèrent que Dieu ouvrait une nouvelle saison pour la CERB : une saison de formation, de transmission, de construction patiente et profonde. Il ne s’agissait pas de renier le passé, mais de l’assumer, de le purifier, d’en tirer les leçons pour mieux répondre aux défis du présent.

Dans le secret de la prière, Ferdinand reçut la certitude que Dieu voulait “construire les disciples qui vont construire le Royaume de Dieu”. Ce serait la deuxième partie de la vision, une continuation logique et indispensable de la première : non plus seulement planter des églises et lancer des projets, mais former des bâtisseurs solides, capables de porter l’œuvre sur la durée, de résister aux dérives, de transmettre la foi aux générations futures.

Ce retour à la source fut pour Ferdinand une renaissance. Il comprit que, même dans la nuit, Dieu prépare l’aurore. Même dans l’apparent échec, Il prépare la moisson. Et que le vrai leader, le vrai serviteur, n’est pas celui qui brille, mais celui qui s’efface pour laisser grandir le Christ dans les cœurs.

Chapitre 22
La révélation de la Continuité de la vision

Le cœur apaisé par la prière, les yeux ouverts par l'humilité acquise au fil de l'épreuve, Ferdinand sentit monter en lui une conviction nouvelle. Il n'était plus temps de pleurer sur les ruines ou de rêver à la simple restauration des œuvres passées : Dieu, dans sa fidélité, l'appelait à une étape inédite. La vision ne s'était pas éteinte, elle s'était transformée. Ce qui avait commencé comme un mouvement de croissance et d'implantation devait maintenant s'enraciner dans une profondeur inégalée.

C'est dans un matin silencieux, alors que la lumière filtrait à peine à travers les rideaux, que la révélation s'imposa à Ferdinand. Il méditait longuement le passage de Jésus avec ses disciples, dans l'intimité d'une maison, loin des foules : "Vous, qui dites-vous que je suis ?" (Matthieu 16:15). Cette question, simple et décisive, résonna au plus profond de lui. Il comprit : il ne s'agissait plus seulement de proclamer, d'annoncer, ou de construire des institutions visibles, mais de former des hommes et des femmes capables d'une réponse personnelle, courageuse, habitée par le Christ. La deuxième partie de la vision prenait forme.

Dieu, dans la prière, lui montra comme une fresque : des visages, connus ou inconnus, jeunes et vieux, dispersés dans les collines, les villes, les hameaux. Tous étaient appelés à devenir des disciples authentiques, enracinés dans la Parole, capables de discerner, de résister, de bâtir non seulement l'Église visible, mais le Royaume invisible du Christ. Le message était clair : "Construis les disciples qui vont construire le Royaume de Dieu."

Ferdinand sentit le poids et la gravité de cet appel. Il comprit que la première phase avait permis de semer abondamment, de multiplier les églises et les initiatives. Mais, dans cette abondance, quelque chose d'essentiel avait été oublié : la solidité intérieure, la maturité spirituelle, la capacité de chaque membre à porter la vision sans la trahir ni la réduire à ses intérêts personnels.

La révélation divine s'accompagna d'une analyse lucide des échecs récents. Dieu lui montra que, durant la première phase, beaucoup s'étaient détournés de la vision initiale. Les serviteurs, grisés par le succès, avaient parfois cherché la reconnaissance, la puissance, ou le confort matériel davantage que la fidélité à l'appel. Le culte de la personnalité, la tentation du népotisme, l'illusion de tout connaître et de tout maîtriser avaient perverti l'élan missionnaire. Résultat : l'œuvre s'était essoufflée, la communauté s'était divisée, les projets s'étaient taris.

Mais Dieu ne se lasse pas de relever ce qui est tombé. La nouvelle vision était une réponse, une guérison, un antidote. Il ne s'agissait plus de bâtir des structures, mais de forger des cœurs. Plus que des soldats disciplinés, il fallait des disciples libres, responsables, animés par l'Esprit et non par l'ambition. Cette tâche serait plus lente, plus discrète, mais plus durable. Il fallait repartir de la base, des fondations, former, enseigner, accompagner, transmettre, jusqu'à ce que chaque croyant devienne à son tour un bâtisseur du Royaume.

Ferdinand sentit en lui une joie mêlée de crainte. La joie de comprendre enfin le sens de l'épreuve : Dieu n'avait pas abandonné la CERB, il la préparait à entrer dans une maturité nouvelle. La crainte, aussi, de la responsabilité immense : comment toucher les cœurs, comment former sans imposer, comment accompagner sans contrôler ? Il pria pour recevoir la sagesse, la patience, la capacité d'écouter et de discerner.

Il partagea sa vision avec quelques frères et sœurs de confiance. Les réactions furent diverses : certains, blessés par les échecs, doutaient qu'un renouveau soit possible. D'autres, au contraire, accueillirent la révélation comme une lumière dans la nuit. Ensemble, ils commencèrent à réfléchir : quels outils, quelles méthodes, quels espaces de formation ? Comment ouvrir la Parole, comment accompagner les jeunes, comment restaurer la confiance et la fraternité ?

La révélation de la nouvelle vision ne fut pas un événement spectaculaire. Ce fut un lent processus de maturation, où la prière, le discernement communautaire, la confiance mutuelle jouèrent un rôle central. Ferdinand comprit qu'il ne s'agissait pas de repartir sur de vieilles bases, mais d'oser l'inconnu, de laisser l'Esprit modeler l'avenir.

Dans son journal, il écrivit ces mots : "Seigneur, fais de nous des disciples vrais, capables d'aimer, de servir, de transmettre. Donne-nous de bâtir sur le Rocher, non sur le sable des apparences ou des intérêts. Que ta vision s'accomplisse, même si elle doit passer par la nuit."

Ce matin-là, alors que le soleil se levait, Ferdinand sentit une paix nouvelle. Dieu parlait à nouveau. La vision, affinée, purifiée, devenait un appel à l'essentiel. Bâtir, non des œuvres éphémères, mais des vies transformées. C'était là la promesse d'un nouveau départ, la certitude qu'au-delà de toutes les faiblesses humaines, le Royaume de Dieu ne cesse de grandir, en silence, dans les cœurs disponibles.

Chapitre 23

Les diagnostics de l'échec : Illusions de grandeur

Au fil du temps, alors que la CERB traversait ses heures les plus sombres, Ferdinand et ses proches collaborateurs prirent le temps de regarder en face les causes profondes de la crise. Il ne s'agissait plus pour eux de blâmer les circonstances, ni de se réfugier dans la nostalgie des premiers succès, mais de sonder le cœur de la communauté, d'oser nommer ce qui, insidieusement, avait détourné la vision initiale.

L'un des diagnostics les plus douloureux fut celui du culte de la personnalité. Au départ, la CERB avait été portée par des serviteurs humbles, animés par le seul désir de servir Dieu et leur prochain. Mais, à mesure que l'œuvre grandissait, la tentation de s'approprier la réussite, de confondre l'autorité spirituelle avec le pouvoir personnel, s'était installée. Le danger était subtil : un leader charismatique attire naturellement, suscite la confiance, fédère les énergies. Mais lorsque l'attention se porte davantage sur la personne que sur la mission, la communauté se fragilise.

On avait vu émerger des figures intouchables, dont la parole faisait loi, dont les décisions n'étaient plus discutées, dont l'image était soigneusement entretenue. Les membres en venaient à croire que la réussite de l'œuvre dépendait d'un homme, d'une famille, ou d'un petit cercle de proches, oubliant que l'Église est d'abord une communion de frères et de sœurs, un corps composé de nombreux membres, tous indispensables, tous appelés à grandir.

Le culte de la personnalité se manifesta aussi par la difficulté à transmettre le flambeau : on préférait garder le contrôle, choisir soi-même son successeur, verrouiller les instances de décision. L'esprit de service se muait en esprit de domination. Les talents nouveaux étaient perçus comme des menaces plutôt que comme des dons à accueillir. Les jeunes, les femmes, les voix dissidentes étaient priés de se taire ou de se retirer. Ainsi, ce qui aurait pu être une force – la diversité des dons, la richesse des parcours – devint un motif de division et de stérilité.

Un autre piège fut celui de l'illusion de grandeur. Portée par ses premiers succès, la CERB avait cru qu'elle devait toujours aller plus haut, plus vite, plus loin. On multipliait les projets, on élargissait le territoire, on rêvait d'être la plus grande Église de la région, la plus influente, la plus visible. Les chiffres devinrent des indicateurs de réussite : nombre de membres, de baptêmes, de bâtiments construits, de fonds récoltés. Mais derrière cette course effrénée, la profondeur spirituelle s'amenuisait. On oubliait que la croissance véritable ne se mesure pas seulement en quantité, mais en qualité : la solidité de la foi, la maturité des disciples, la capacité à traverser les crises sans se perdre.

L'illusion de grandeur conduisit à des choix hasardeux. On lançait de nouveaux projets sans en assurer le suivi, on ouvrait des églises sans former les pasteurs, on promettait monts et merveilles sans prendre le temps d'écouter les besoins réels. Les membres, d'abord enthousiastes, finirent par se lasser devant tant de promesses non tenues, tant d'initiatives avortées, tant de discours grandiloquents sans traduction concrète.

Ferdinand, dans ses réflexions, se souvint de la parole de Jésus : "Le plus grand parmi vous sera votre serviteur." (Matthieu 23:11). Il comprit que la véritable grandeur, dans le Royaume de Dieu, n'est pas dans le nombre ni dans l'éclat, mais dans l'humilité du service, la fidélité au quotidien, la capacité à s'effacer pour que d'autres grandissent. Il vit aussi combien le culte de la personnalité éloigne de la source : lorsque le regard se fixe sur l'homme, il se détourne du Christ. Lorsque la communauté se construit autour d'un chef, elle devient vulnérable à ses faiblesses, à ses erreurs, à ses limites.

Ce temps de diagnostic fut douloureux mais salutaire. Il permit à Ferdinand et à ses compagnons de comprendre que la crise n'était pas un hasard, ni une injustice, mais la conséquence logique de certains choix, de certains renoncements, de certaines compromissions. Il ne s'agissait pas de juger, mais de tirer les leçons pour l'avenir : refuser la personnalisation du pouvoir, valoriser la collégialité, former des leaders serviteurs, encourager la participation de tous, veiller à l'équilibre entre croissance visible et enracinement intérieur.

Dans leurs échanges, ils décidèrent de faire de l'humilité un pilier de la nouvelle vision : reconnaître ses erreurs, demander pardon, accepter la critique, se réjouir des succès des autres, refuser la tentation de la comparaison. Ils comprirent aussi qu'il valait mieux avancer lentement, mais solidement, plutôt que de courir après des résultats spectaculaires mais éphémères.

Ce diagnostic fut partagé avec la communauté, non comme un constat d'échec, mais comme un appel à la conversion. "Nous avons cru que notre force était dans le nombre, dans le prestige, dans l'autorité. Mais Dieu nous rappelle que sa force se manifeste dans la faiblesse, dans la disponibilité, dans la confiance partagée." Beaucoup accueillirent ce message avec soulagement : enfin, on osait dire la vérité, on osait espérer un renouveau fondé sur l'authenticité plutôt que sur l'apparence.

Ferdinand, fort de cette lucidité, sentit grandir en lui une détermination nouvelle. Il savait que la route serait longue, que les habitudes seraient difficiles à changer, que les blessures demanderaient du temps pour guérir. Mais il avait la conviction profonde que, sur ces ruines, Dieu pouvait bâtir une œuvre plus belle, plus vraie, plus durable.

Ainsi, le diagnostic des échecs devint le point de départ d'une renaissance. En acceptant de regarder en face les failles du passé, la CERB s'ouvrait à la possibilité d'un futur différent, où le service, la collégialité et la profondeur spirituelle prendraient le pas sur la tentation du pouvoir et de la grandeur extérieure.

Chapitre 24

Du Soldat au Disciple: Bâtir des disciples pour le Royaume

Après l'épreuve, le discernement et la révélation, un souffle nouveau commença à parcourir la communauté. Ce souffle n'était pas celui d'un activisme débordant, ni celui d'une ambition démesurée, mais la brise légère de l'Esprit qui inspire à nouveau. La CERB, blessée mais lucide, se tenait à la croisée des chemins. Il était temps de choisir : continuer à courir après l'ombre des succès passés ou s'enraciner dans une vision renouvelée, humble et profonde. Cette vision, clairement perçue par Ferdinand et partagée avec les proches, était celle du discipolat : "Bâtir des disciples qui bâtiront le Royaume."

Ce slogan, simple en apparence, recèle une révolution silencieuse. Il ne s'agissait plus de multiplier les membres à tout prix, ni de construire des édifices imposants, ni même d'accumuler les activités. Il fallait désormais investir dans la qualité du cœur, dans la solidité de la foi, dans la capacité à vivre l'Évangile au quotidien. La croissance, dans cette nouvelle perspective, n'était plus d'abord quantitative, mais qualitative : chaque croyant appelé à devenir un disciple mûr, capable de résister, de transmettre, de bâtir autour de lui des communautés vivantes et fraternelles.

Ce basculement s'appuyait sur la vie même de Jésus. Ferdinand, en méditant les Évangiles, retrouvait l'essentiel : le Christ n'a pas cherché la foule pour elle-même. Il a offert des signes, a prêché, a guéri, mais il a surtout appelé quelques-uns à le suivre de près, à partager sa vie, à apprendre de Lui, à devenir ses amis. Ces quelques disciples, formés patiemment, sont devenus les piliers de toute l'histoire chrétienne. "Faites de toutes les nations des disciples", avait-il ordonné avant de quitter ses compagnons – non "des adhérents", ni "des spectateurs", mais des disciples : des hommes et des femmes transformés, enracinés, capables d'aimer jusqu'au bout.

Dans le contexte de la CERB, cette seconde partie de la vision supposait une véritable conversion. Il fallait repenser la formation, la catéchèse, l'accompagnement. Il ne suffisait plus de faire "des chrétiens", mais de forger des disciples. Cela impliquait de passer du discours à la vie, de l'enseignement magistral à la relation personnelle, du culte collectif à l'écoute intime. Les pasteurs, les anciens, les responsables furent invités à relire leur mission : “Êtes-vous des chefs ou des serviteurs ? Êtes-vous des managers ou des accompagnateurs ? Êtes-vous prêts à perdre du temps avec les plus fragiles, à écouter, à encourager, à corriger, à transmettre ?”

Ferdinand comprit vite que ce chantier serait vaste et lent. Il fallait d’abord restaurer la confiance, guérir les blessures, réapprendre à travailler ensemble. Avec une petite équipe, il dessina les contours d’un parcours de discipolat : temps de prière partagée, lecture méditée de la Bible, partage de vie, accompagnement personnalisé, formation à la mission, service concret auprès des plus pauvres. On n’y cherchait pas l’efficacité à tout prix, mais la fidélité à l’Esprit. Chaque étape était vécue comme un chemin de croissance, où le but n’était pas de “faire” mais de “devenir”.

Ce changement de perspective transforma peu à peu l’atmosphère. Certains, lassés des querelles de pouvoir, retrouvèrent un sens à leur engagement. Les jeunes, longtemps marginalisés, furent sollicités non pour leur enthousiasme aveugle, mais pour leur capacité à apprendre, à transmettre, à inventer des formes nouvelles de service et de fraternité. Les églises rurales, souvent oubliées, devinrent des laboratoires de cette nouvelle vision : on y découvrait la force de la solidarité, l’importance du témoignage au quotidien, la nécessité de s’entraider dans l’épreuve.

La formation des disciples devint le cœur battant de la communauté. On redécouvrit la valeur des petits groupes : quelques familles, un ancien, une veuve, des enfants, réunis pour prier, méditer, s’encourager. On relut ensemble les Actes des Apôtres, on s’inspira des premières communautés chrétiennes, pauvres mais ardentes, fragiles mais fécondes. La Parole de Dieu reprit toute sa place : non plus comme une loi extérieure, mais comme une semence vivante, capable de transformer les cœurs et les mentalités.

Ce travail de fond produisit ses premiers fruits : des conversions profondes, des réconciliations improbables, des vocations renouvelées. Plusieurs anciens responsables, fatigués par les rivalités, choisirent de revenir à la simplicité du service. Des femmes, longtemps tenues à l’écart, prirent des initiatives pour accompagner les jeunes mamans, pour visiter les malades, pour former des groupes de prière. Les enfants, les adolescents, les jeunes adultes reçurent des occasions de s’impliquer, de prendre la parole, de proposer de nouvelles actions.

Ferdinand, témoin de ces renaissances discrètes, rendait grâce. Il savait que tout était encore fragile, que le chemin serait long, que les résistances ne manqueraient pas. Mais il pressentait que, cette fois, l'œuvre ne reposerait plus sur les épaules d'un seul homme, ni sur la puissance financière, ni sur la reconnaissance extérieure, mais sur la qualité du lien, sur la profondeur de la foi, sur la capacité de chaque membre à devenir à son tour un disciple bâtisseur.

La "seconde partie de la vision" était donc un retour à l'essentiel. Elle invitait la CERB à se réinventer, à s'appuyer sur la faiblesse plutôt que sur la force, à miser sur la lenteur de la croissance intérieure plutôt que sur l'agitation stérile. Elle rappelait à chacun que le Royaume de Dieu ne se construit pas à coups de projets éphémères, mais dans la patience, l'écoute, la fidélité du quotidien.

Dans ses prières, Ferdinand confiait cette nouvelle étape au Seigneur : "Fais de nous, Seigneur, des disciples selon ton cœur. Donne-nous d'être fidèles dans les petites choses. Que ton Royaume vienne, dans nos vies, dans nos familles, dans notre communauté. Que nous soyons, ensemble, des bâtisseurs de l'invisible."

La CERB, désormais tournée vers cette vision, se préparait à écrire une nouvelle page de son histoire. Non plus celle des grands exploits ou des chiffres impressionnants, mais celle, plus humble et plus féconde, d'une communauté de disciples, enracinés et rayonnants, artisans du Royaume au cœur du monde.

Chapitre 25

Vers une Église de la transmission et de la profondeur

La nouvelle saison de la CERB ne ressemblait en rien à la vague d'enthousiasme qui avait balayé la communauté lors de ses débuts. Cette fois, il ne s'agissait pas de conquérir de nouveaux territoires, d'implanter des églises à la chaîne ou de multiplier les événements retentissants. Ce qui se jouait était plus subtil, plus laborieux : il s'agissait de transmettre, d'enraciner, de creuser, de bâtir sur du solide. La CERB s'acheminait vers une Église de la transmission et de la profondeur.

Ferdinand, devenu le catalyseur discret de cette mutation, prit le parti de la patience. Il savait, pour l'avoir douloureusement appris, que les fruits précoces sont souvent fragiles, et que seule la profondeur tient dans l'épreuve. C'est pourquoi il plaça la transmission au cœur de chaque initiative : non pas une transmission mécanique, mais vivante, incarnée, de cœur à cœur, de vie à vie.

Dans les premiers temps de cette nouvelle étape, la communauté redécouvrit la valeur du témoignage personnel. On demanda aux anciens de raconter l'histoire de la CERB, non pour glorifier le passé, mais pour en tirer les leçons : les élans, les réussites, les erreurs, les conversions, les épreuves traversées. Les jeunes écoutaient, posaient des questions, s'étonnaient parfois : comment avait-on pu tenir face aux persécutions ? Comment avait-on gardé la foi quand tout semblait perdu ? Ces récits, partagés dans l'humilité, devinrent des semences de confiance pour l'avenir.

On mit aussi en place des temps d'échange intergénérationnels. Les jeunes enseignaient aux aînés l'usage des nouveaux outils – téléphone, réseaux sociaux, gestion de projets –, tandis que les aînés transmettaient leur sagesse, leur expérience, leur mémoire. Chacun devenait à la fois maître et disciple, dans un flux continu où personne ne pouvait prétendre tout savoir. La transmission, ainsi vécue, était une force contre l'isolement, une réponse à la tentation du repli sur soi.

Mais transmettre n'aurait servi à rien sans la décision, collective, de rechercher la profondeur. La superficialité, qui avait tant fragilisé la CERB – discours creux, actes sans racines, projets sans suite –, devait céder la place à une spiritualité enracinée. On invita la communauté à ralentir, à méditer, à s'interroger : "Sur quoi bâtissons-nous ? Quel est le fondement de notre foi ? Qu'est-ce qui résistera à la tempête ?"

Les temps de prière commune prirent une nouvelle ampleur. On multiplia les retraites, les veillées, les groupes de partage biblique. Chacun était encouragé à approfondir sa relation personnelle au Christ, à relire sa vie à la lumière de l'Évangile, à oser la vérité devant Dieu et devant les autres. Cette démarche, parfois déroutante, porta des fruits insoupçonnés : des réconciliations, des choix de vie renouvelés, des engagements plus réfléchis, moins dictés par l'émotion ou la pression du groupe.

Le leadership lui-même fut repensé à l'aune de la profondeur. Les responsables furent invités à se former, à se remettre en question, à demander conseil. On valorisa la relecture, la supervision fraternelle, le partage des fragilités et des questions. On comprit que l'autorité n'était plus affaire de statut, mais de maturité intérieure, de capacité à écouter, à discerner, à accompagner sans juger.

Petit à petit, la CERB devint une Église de la transmission et de la profondeur. Les familles se mobilisèrent pour transmettre la foi aux enfants, non par des discours imposés, mais par l'exemple, la prière du soir, le service du prochain. Les catéchèses, les préparations au baptême, les rencontres de jeunes furent repensées : on privilégiait la qualité à la quantité, le dialogue à la récitation, le vécu au simple savoir.

Les églises rurales, jadis marginalisées, devinrent des foyers de formation. On y expérimenta des "maisons de disciples" : des petits groupes réunis autour de la lecture de la Bible, du partage des expériences, de l'intercession pour les besoins du village. On redécouvrit que la transmission passe par la proximité, la fidélité, la patience – et non par de grandes campagnes ponctuelles.

Dans cette Église renouvelée, la profondeur n'était plus un luxe, mais une nécessité. Elle protégeait des dérives, fortifiait dans l'épreuve, donnait sens à l'engagement. Elle permettait d'assumer les failles et les lenteurs, de traverser les périodes de doute sans perdre courage. Elle ouvrait chacun à l'inspiration de l'Esprit, source inépuisable de renouveau.

Au fil des mois, la CERB retrouva une espérance tranquille. La fécondité ne se mesurait plus au bruit, mais à la fidélité silencieuse. On avançait lentement, mais sûrement. On apprenait à célébrer les petits progrès, à encourager les timides, à relever ceux qui tombaient. La fraternité, abîmée par les divisions, se reconstruisait dans l'écoute, le pardon, le service mutuel.

Ferdinand, témoin de cette métamorphose, rendait grâce : “Seigneur, tu nous fais passer de la superficialité à la profondeur, de la dispersion à la transmission, de la peur à la confiance. Continue ton œuvre en nous !”

La CERB s’enracinait ainsi dans une vision nouvelle : une Église qui transmet, qui creuse, qui dure. Une Église où chaque génération prépare la suivante, où la foi grandit dans l’épaisseur de la vie partagée. Une Église qui, humblement, bâtit le Royaume de Dieu sur la solidité de la Parole et la profondeur des cœurs.

Chapitre 26

Les résistances et les obstacles au changement

Aucun renouveau véritable, qu'il soit spirituel, communautaire ou personnel, ne s'opère sans rencontrer son lot de résistances. L'histoire de la CERB, en ce moment crucial où elle s'orientait vers une Église de la transmission et de la profondeur, n'échappa pas à cette règle universelle. La vision renouvelée, portée par Ferdinand et une poignée de convaincus, se heurta à des murs visibles et invisibles, dressés autant dans les structures que dans les cœurs.

La première résistance fut, sans surprise, la peur. Peur de perdre ses repères, peur de voir disparaître les habitudes qui, même stériles, rassuraient. Certains membres, marqués par les succès passés, ne parvenaient pas à croire à la nécessité du changement. "Pourquoi changer ce qui a marché ?" demandaient-ils. Derrière cette question, souvent sincère, se cachait l'angoisse de l'inconnu, le refus de l'incertitude, la nostalgie d'un âge d'or idéalisé.

Cette peur se manifestait par l'inertie : des réunions interminables, des décisions repoussées, des débats qui tournaient en rond. On invoquait la prudence, le besoin de réflexion, la fidélité à la tradition – autant d'arguments qui, s'ils sont légitimes, peuvent aussi devenir des alibis pour ne rien faire. Ferdinand, lucide, comprit qu'il ne s'agissait pas de brusquer, mais d'accompagner : rassurer, expliquer, donner du temps au temps, inviter chacun à exprimer ses craintes et ses espérances.

Un autre obstacle, plus difficile à nommer, était le poids des intérêts particuliers. Ceux qui, dans l'ancien système, avaient trouvé leur place, leurs avantages, leurs réseaux, voyaient d'un mauvais œil l'avènement d'une Église plus horizontale, centrée sur la collégialité et la transparence. Certains craignaient de perdre leur influence, leurs prérogatives, leur pouvoir de décision. Ces résistances, parfois feutrées, prenaient la forme de critiques voilées, de rumeurs, de blocages administratifs.

On assistait aussi à des tentatives de récupération : "Oui, la transmission est importante… mais à condition que ce soit nous qui formions les disciples !" L'esprit de clan, le repli sur des cercles fermés, la tentation du clientélisme resurgissaient dès que la nouveauté menaçait les équilibres installés. Pour Ferdinand et son équipe, il fallut faire preuve de fermeté et de diplomatie :

rappeler la vision commune, ouvrir les espaces de dialogue, mais ne pas céder à la pression des intérêts privés.

La troisième résistance naquit du simple épuisement. Les années de tensions, de divisions, de projets avortés, avaient laissé des traces. Beaucoup de membres, jadis enthousiastes, étaient fatigués, désabusés, tentés par la démission ou le retrait silencieux. "On a déjà tout essayé... à quoi bon ?" Cette lassitude, sourde mais tenace, sapait l'élan de la communauté. Les meilleures idées semblaient se heurter à un mur d'indifférence ou de scepticisme.

Pour y répondre, Ferdinand privilégia la douceur : il multiplia les visites, les rencontres individuelles, les encouragements personnels. Il valorisa chaque petite avancée, chaque signe de vie, chaque engagement renouvelé. Il rappela que le vrai changement ne s'impose pas d'en haut, mais se construit pas à pas, dans la confiance et la persévérance.

Un autre frein majeur fut celui des blessures non cicatrisées. Les années de conflits, d'exclusions, de déceptions, avaient laissé des cicatrices profondes. Certains membres se méfiaient des initiatives venant du "centre", d'autres redoutaient le retour du passé. Les divisions, parfois entretenues par de vieilles querelles de personnes ou de familles, resurgissaient dès qu'un projet commun était évoqué.

Il fallut alors engager un travail de guérison : temps de pardon, démarches de réconciliation, rituels de mémoire partagée. On invita les membres à nommer leurs souffrances, à reconnaître les erreurs collectives, à demander et offrir le pardon. Ce processus, lent et fragile, permit de refermer quelques plaies, de restaurer la confiance, de poser des bases saines pour l'avenir.

Enfin, Ferdinand et ses compagnons discernèrent que certaines résistances étaient d'ordre spirituel. Le passage à une Église de disciples, enracinée dans la Parole, la prière et le service, venait bousculer les puissances d'inertie, de division, d'orgueil. Le combat n'était pas seulement humain : il fallait prier, jeûner, veiller, demander la force et la lumière de l'Esprit. On redoubla d'intercession, on mobilisa les groupes de prière, on enseigna le discernement spirituel. On rappela que le mal, sous toutes ses formes, résiste toujours à la vraie conversion.

Malgré toutes ces résistances, l'espérance ne faiblit pas. Ferdinand le savait : toute œuvre de Dieu passe par la croix, par les refus, par les lenteurs. Mais il avait la conviction que, si la communauté restait fidèle à la vision reçue –

transmission, profondeur, fraternité –, elle verrait surgir, au cœur même des obstacles, des chemins nouveaux.

Les obstacles, loin d'étouffer la vision, la purifiaient, l'affermissaient, l'enracinaient dans le réel. Ils obligeaient chacun à s'interroger : "Pour qui, pour quoi faisons-nous tout cela ? Sommes-nous prêts à payer le prix du changement ?" Ainsi, la CERB avançait, lentement, au rythme de la grâce, convertissant les résistances en occasions de croissance, les obstacles en tremplins pour le Royaume.

Chapitre 27

Les nouvelles méthodes de formation et d'accompagnement

Le temps des mots et des intentions cédait peu à peu la place à celui de l'action réfléchie et durable. Convaincus que la transformation de la CERB ne pourrait s'opérer sans un renouvellement profond de la manière de former et d'accompagner les croyants, Ferdinand et son équipe se mirent à l'ouvrage. Ils savaient que la clé du discipolat et de la transmission résidait dans des méthodes adaptées, patientes, respectueuses du rythme de chacun, mais aussi audacieuses dans leur capacité à répondre aux défis du monde contemporain.

La première innovation fut de remettre à l'honneur le compagnonnage, à l'image de Jésus et de ses disciples. Il ne s'agissait plus de grands enseignements impersonnels, mais d'un accompagnement de proximité : une vie partagée, une marche côte à côte, où le maître et l'apprenant grandissent ensemble. Des binômes et des petits groupes furent formés, réunissant anciens et jeunes, femmes et hommes, responsables et nouveaux venus. On y partageait la Parole, mais aussi les questions de la vie, les échecs, les doutes, les joies.

Chaque "compagnon" était invité à accompagner un autre dans la durée : visite régulière, appels, prière l'un pour l'autre, aide concrète en cas de besoin. La formation sortait ainsi des salles pour rejoindre les maisons, les champs, les marchés, les hôpitaux. L'Évangile redevenait une histoire partagée, incarnée dans la vie réelle, loin de toute abstraction.

Conscients que chaque croyant a son histoire, ses blessures, ses talents et ses fragilités, les responsables mirent en place des parcours de croissance personnalisés. Un diagnostic spirituel était proposé : où en suis-je dans ma foi ? Quels sont mes points forts et mes besoins ? Quelles étapes dois-je franchir pour m'enraciner davantage ? Sur la base de ces bilans, chacun pouvait choisir un "parcours de disciple" adapté : approfondissement biblique, formation à la prière, discernement vocationnel, apprentissage du service, gestion des conflits, découverte des charismes…

Des guides de parcours furent créés : simples, visuels, ancrés dans la réalité burundaise. Ils s'appuyaient sur la pédagogie active : études de cas, jeux de rôle, partages d'expérience, mises en situation. Les enseignements devenaient interactifs, participatifs, où les questions étaient aussi importantes que les réponses.

Une autre innovation majeure fut le choix de l'apprentissage par le service. Plutôt que de multiplier les cours théoriques, la communauté proposa des "chantiers de mission" : visite des malades, alphabétisation, animation de groupes de jeunes, aides aux familles en difficulté, projets agricoles ou écologiques. Chaque disciple était invité à s'engager concrètement, à découvrir ses dons sur le terrain, à apprendre en servant.

Ce service n'était pas vu comme une obligation, mais comme un espace de croissance : il permettait de se confronter à la réalité, d'apprendre l'humilité, de découvrir la joie du don de soi. Les retours d'expérience étaient valorisés, les échecs analysés sans jugement, les réussites partagées dans la gratitude. La formation devenait ainsi un va-et-vient continuel entre action et réflexion, théorie et pratique, solitude et communauté.

La relecture et l'accompagnement spirituel

Pour éviter l'activisme et la dispersion, on insista sur la relecture. À intervalles réguliers, chaque groupe ou binôme prenait le temps de relire ce qu'il avait vécu : "Où ai-je vu Dieu à l'œuvre ? Qu'est-ce que j'ai appris sur moi, sur les autres, sur la mission ? Quelles difficultés ai-je rencontrées ? Qu'est-ce que je veux changer ?" Ces temps de relecture étaient guidés par des accompagnateurs formés, capables d'écouter sans juger, d'encourager, de discerner les mouvements de l'Esprit.

L'accompagnement spirituel devint un pilier : chaque responsable, chaque disciple en formation, pouvait bénéficier d'un "père" ou d'une "mère" spirituelle, chargé de l'aider à relire son chemin, à traverser les crises, à prendre des décisions. On enseigna l'art du discernement, la gestion des conflits, l'écoute active, la prière de bénédiction. Petit à petit, la communauté apprit à ne plus avancer seule, mais en cordée, solidaire dans l'épreuve comme dans la joie.

Consciente des mutations du monde, la CERB osa aussi intégrer les outils numériques et les médias modernes : groupes WhatsApp pour la prière et le partage, vidéos de formation, podcasts bibliques, plateformes d'échanges. Cette modernité n'était pas un gadget, mais un moyen de rejoindre ceux qui étaient loin, d'accompagner à distance, de susciter des vocations chez les jeunes générations.

Des “mentors digitaux” furent formés pour accompagner les jeunes en ligne, répondre à leurs questions, les orienter vers des ressources fiables. Les réseaux sociaux devinrent des lieux d’annonce, de témoignage, de formation continue. On veilla toutefois à garder le sens du concret et de la rencontre : le numérique servait la relation, mais ne la remplaçait jamais.

Au fil des mois, ces méthodes nouvelles portèrent des fruits : des vocations renouvelées, des jeunes engagés, des familles réconciliées, des pasteurs moins isolés, des projets solidaires plus nombreux. Mais les défis restaient immenses : inégalités d’accès à la formation, manque de moyens, résistances culturelles, nécessité de former toujours plus d’accompagnateurs.

Ferdinand et son équipe savaient que tout cela n’était qu’un commencement. “C’est la fidélité dans les petites choses qui prépare les grandes transformations”, répétait-il. La mission n’était pas de “réussir” à tout prix, mais de transmettre, de former, d’accompagner – humblement, patiemment, avec foi.

La CERB entrait dans une nouvelle ère, celle d’une Église formatrice, attentive à chacun, soucieuse de profondeur et de diversité. Une Église qui, forte de ses blessures et de ses renaissances, osait croire qu’il n’y a pas de disciple trop petit ni de chemin trop humble pour bâtir le Royaume de Dieu.

Chapitre 28

Les Signes de Renouveau et Fruits du Changement

Le changement véritable n'est jamais spectaculaire dans ses débuts. Il s'insinue d'abord dans les détails du quotidien, dans les gestes ordinaires, les paroles échangées sans bruit, les choix modestes mais répétés. À la CERB, alors que les nouvelles méthodes de formation et d'accompagnement s'enracinaient, un parfum de renouveau commença à se répandre, discret mais incontestable. C'était dans l'ordinaire que l'extraordinaire s'invitait.

L'un des premiers signes tangibles fut le retour d'une joie simple au sein des églises. Les cultes, qui avaient été longtemps marqués par la routine ou la tension, retrouvèrent peu à peu une atmosphère de paix et de fraternité. Les chants s'élèvent, non plus comme une formalité, mais comme une expression authentique de reconnaissance. On se surprenait à voir des jeunes oser prendre la parole, à entendre des enfants prier à voix haute, à constater la présence plus nombreuse de familles entières lors des célébrations.

Les temps de témoignage furent réinstaurés : chacun pouvait partager un pas de foi, une prière exaucée, une difficulté traversée avec l'aide de la communauté. Ces moments, parfois empreints d'émotion, soudaient les liens, dissolvaient les rancœurs, redonnaient sens à la fraternité chrétienne. On constatait également une hausse de la participation aux groupes de maison, aux retraites spirituelles, aux actions solidaires.

Partout, de petites initiatives témoignaient de la vitalité retrouvée. Dans un village du nord, un groupe de femmes lança une coopérative pour aider les veuves à subvenir à leurs besoins ; dans une église urbaine, des jeunes mirent en place une bibliothèque partagée et des ateliers d'initiation à l'informatique. Ici, un pasteur créa un jardin communautaire ; là, une équipe rendit visite chaque semaine aux malades du quartier. Ces micro-projets, portés par de simples disciples, devinrent autant de signes de la fécondité nouvelle de la communauté.

L'accompagnement spirituel, mis en place à travers les binômes et les groupes de compagnonnage, permit de révéler des talents cachés, de lever des blocages, de réconcilier des familles autrefois divisées. Des vocations de catéchistes, d'animateurs, de diacres ou de responsables de jeunes émergèrent là où l'on pensait que tout était stérile.

Le renouveau ne fut pas seulement visible dans l'action, mais aussi dans la qualité des relations. Plusieurs anciens conflits, qui avaient empoisonné la vie de la CERB, trouvèrent une issue : des familles se réconcilièrent, des membres jusque-là marginalisés furent réintégrés, des responsables sollicitèrent pardon publiquement pour des erreurs passées.

La culture du pardon, prêchée mais rarement vécue dans l'histoire récente de la communauté, devint peu à peu une réalité tangible. On vit des gestes forts : une lettre d'excuse lue devant l'assemblée, une offrande faite à un frère blessé, une visite inattendue à un opposant de longue date. Ces actes, souvent préparés dans la prière, ouvrirent la voie à une paix nouvelle, patiente et durable.

Les églises rurales, longtemps délaissées, furent revitalisées par la dynamique du discipolat . Plusieurs jeunes répondirent à l'appel pour servir dans les villages isolés, acceptant la précarité et les défis avec courage. De petites communautés, portées par cet élan, se mirent à prendre soin des plus pauvres, à accueillir les enfants des rues, à soutenir les personnes âgées.

La solidarité s'élargit : des collectes furent organisées pour venir en aide aux églises les plus démunies, des campagnes de santé et d'alphabétisation furent relancées, les liens avec d'autres dénominations s'améliorèrent dans un esprit d'œcuménisme humble. L'Église, autrefois repliée sur elle-même, redécouvrait sa vocation de service et d'ouverture.

Les responsables eux-mêmes témoignèrent d'une transformation. Mieux formés, mieux entourés, ils prenaient le temps de relire leur mission, de consulter, d'écouter. On vit naître des équipes de leadership collégial, où les tâches étaient partagées, où la prise de parole était facilitée pour tous. Des femmes et des jeunes furent invités à rejoindre les conseils, à participer aux décisions, à porter ensemble la vision nouvelle.

Ferdinand, témoin de ces transformations, restait prudent. Il savait que les fruits précoces peuvent être remis en cause par de nouvelles crises, et que l'humilité devait rester la boussole. Mais il ne pouvait s'empêcher de rendre grâce pour ce qui émergeait : "Seigneur, tu as redonné vie à ce qui paraissait mort. Tu fais fleurir le désert et ruisseler la source sous la cendre."

Enfin, le signe le plus profond de ce renouveau fut la maturité croissante de la foi. On ne cherchait plus à briller, mais à servir. On ne courait plus après les miracles visibles, mais on apprenait la patience, la persévérance, la joie du quotidien. Les membres de la CERB, forts de leurs blessures guéries et de leur histoire relue, retrouvaient le sens de l'essentiel : aimer Dieu, aimer le prochain, bâtir pour l'avenir.

La communauté, humble, redevint un signe pour son entourage. On venait de loin pour demander conseil, pour suivre une formation, pour s'inspirer du chemin parcouru. La CERB, sans bruit, redevenait lumière sur la colline, levain dans la pâte, semence d'espérance dans un monde en quête de sens.

Chapitre 29

Les Défis de la Fidélité et de la Persévérance

Le renouveau véritable ne se mesure pas uniquement à l'éclosion de fruits visibles ni à l'élan des commencements. Il trouve sa véritable épreuve dans le temps long, lorsque l'enthousiasme retombe, que les obstacles ressurgissent, que la lassitude guette à nouveau. La CERB, dans sa nouvelle dynamique, découvrait que la fidélité et la persévérance étaient les vertus les plus difficiles à exercer, mais aussi les plus fécondes pour durer.

Très vite, après l'émotion des retrouvailles et l'excitation des premières réussites, le quotidien reprit ses droits. Les difficultés matérielles réapparurent : manque de moyens pour soutenir les projets, fatigue des bénévoles, obstacles administratifs, incompréhensions persistantes dans certaines communautés. Les vieilles habitudes, parfois, revenaient hanter les esprits : la tentation du repli, la peur de la nouveauté, l'envie de déléguer "aux autres" le poids du service.

Certains groupes, portés par des leaders charismatiques, connurent de brusques ralentissements lorsque ces derniers s'absentèrent, tombèrent malades ou quittèrent la région. L'élan, fragile, semblait alors dépendre de quelques personnes, rappelant à tous que la construction d'une Église solide exige de dépasser la dépendance à des figures uniques pour miser sur la coresponsabilité et la formation de nouveaux relais.

La persévérance devint un mot-clé. Il fallut apprendre à tenir bon quand le découragement menaçait, à poursuivre les rencontres même si elles attiraient moins de monde, à continuer de prier et de servir sans voir immédiatement les fruits de ses efforts. Les responsables martelèrent que c'est dans la durée, dans la fidélité aux petits engagements, que se bâtit une communauté solide : "Ne nous lassons pas de faire le bien ; car nous moissonnerons au temps convenable, si nous ne nous relâchons pas." (Galates 6:9)

Ferdinand et son équipe instaurèrent des espaces de relecture pour reconnaître les signes de fatigue : lieux d'écoute, retraites spirituelles, temps de silence et de ressourcement pour les pasteurs et les animateurs. On encouragea la bienveillance envers soi-même et envers les autres, l'acceptation des limites, la capacité de demander de l'aide sans honte. La communauté apprit à célébrer les petites victoires, à valoriser la fidélité discrète de ceux qui "tiennent la maison" dans l'ombre.

Un autre défi fut le risque du découragement, parfois nourri par l'impression que rien ne change assez vite, que les mentalités évoluent peu, que les conflits anciens resurgissent à la moindre occasion. Certains se demandaient : "A quoi bon ? Est-ce que nos efforts portent vraiment du fruit ?" Face à ces interrogations, la réponse ne pouvait être qu'une invitation à la confiance, à la patience, à la foi en l'œuvre cachée de Dieu.

La routine, elle aussi, guettait. Les groupes qui avaient innové au début tendaient à reproduire les mêmes schémas, à s'installer dans le confort, à oublier la dimension missionnaire de leur vocation. Ferdinand rappela à tous l'importance de se laisser sans cesse interpeller, de relire la vision, de demander à l'Esprit de renouveler l'ardeur et la créativité. Il insista sur la nécessité d'alterner temps d'action et temps de ressourcement, de prière et de formation continue.

C'est dans la durée, dans les saisons de sécheresse comme dans les temps de moisson, que se révèle la vraie fidélité. Cette vertu se nourrit du souvenir des commencements, de la mémoire des promesses, de l'espérance en la fécondité cachée. Les membres de la CERB apprirent à s'appuyer les uns sur les autres, à partager leurs doutes sans honte, à porter ensemble le poids du quotidien. Ils découvrirent que la persévérance n'est pas un héroïsme solitaire, mais une œuvre communautaire, soutenue par la prière et la solidarité.

Les responsables, eux aussi, furent éprouvés. Ils durent apprendre à déléguer, à faire confiance, à accepter les déceptions et les lenteurs. Certains connurent de vrais moments de lassitude, de remise en question, de tentation de tout abandonner. Mais beaucoup trouvèrent dans la fraternité, dans l'accompagnement spirituel, dans la relecture de la Parole, la force de repartir, de croire à nouveau, de continuer humblement la route.

Au fil du temps, la CERB découvrit que la fidélité et la persévérance étaient des semences de renouveau. Ceux qui s'étaient accrochés, qui avaient tenu bon sans bruit, devinrent des témoins pour les autres. Leur exemple parlait plus fort que les plus beaux discours. La communauté comprit que le véritable miracle n'est pas dans les succès éclatants, mais dans la capacité à aimer et servir jour après jour, à travers épreuves et renoncements, à garder la lampe allumée même quand la nuit semble longue.

L'espérance, loin d'être naïve, s'enracina dans la certitude que Dieu ne déçoit jamais ceux qui Lui font confiance. La CERB devint une Église plus humble, plus patiente, mais aussi plus solide, capable d'affronter les tempêtes sans se disperser, de durer dans l'adversité, de transmettre la foi aux générations futures.

Ferdinand, relisant ce chemin, murmurait souvent dans la prière : "Seigneur, donne-nous la grâce de la fidélité et de la persévérance. Apprends-nous à tenir bon jusqu'au bout, à marcher ensemble, à espérer contre toute espérance. Que ta volonté soit faite, et que ton œuvre porte du fruit, en ton temps."

Chapitre 30

L'Espérance d'une Église Renouvelée

Quand le temps est venu de relire le chemin parcouru, d'embrasser d'un regard la route marquée de larmes, d'élans, de luttes et de renaissances, l'on découvre que l'espérance n'est pas une simple émotion du cœur ni un optimisme naïf. Elle est une force qui traverse la nuit, une lumière qui ne s'éteint pas, car elle s'enracine dans une promesse plus grande que nous. Pour la CERB, l'avenir ne se dessine pas comme un retour à la gloire d'hier, ni comme une fuite vers l'imaginaire de lendemains faciles, mais comme un appel à continuer la marche, humblement, fidèlement, à la suite du Christ.

La première certitude de cette espérance est que l'Église, en tout temps et en tout lieu, reste une communauté toujours en chemin. Elle n'est jamais arrivée, jamais installée dans une perfection acquise. Elle avance, portée par la Parole, nourrie de l'Eucharistie, fortifiée par la prière et la fraternité. Les crises traversées, les blessures endurées deviennent non pas des freins, mais des lieux d'apprentissage et de croissance. La vulnérabilité de la CERB est devenue sa force : elle ose désormais reconnaître ses faiblesses, demander pardon, se remettre en question. C'est là que l'Esprit travaille, que les cœurs se dilatent et que la vie reprend.

Cette dynamique de pèlerinage s'incarne dans la diversité des parcours : jeunes et vieux, hommes et femmes, ruraux et citadins, croyants de longue date ou nouveaux venus marchent ensemble, portés par la même vision : bâtir des disciples pour le Royaume. Ce chemin n'est pas linéaire : il connaît des détours, des arrêts, des reprises. Mais il est jalonné de signes : la fidélité des anciens, l'audace des jeunes, la générosité des humbles, la capacité à recommencer toujours.

L'espérance de demain s'enracine dans la capacité à transmettre la foi, non comme un patrimoine figé, mais comme une source vivante. La CERB a compris que sa mission n'est pas de conserver, mais de faire grandir, d'aider chaque nouvelle génération à s'approprier l'héritage et à inventer ses propres chemins. Les méthodes de discipolat, de compagnonnage, d'apprentissage par le service sont appelées à évoluer : elles devront intégrer les nouveaux langages, répondre aux défis sociaux, technologiques, écologiques de demain.

Une Église vivante est une Église qui ose la créativité. Les jeunes seront encouragés à prendre des initiatives : créations artistiques, projets solidaires, engagements pour la justice et la paix. Les femmes continueront de prendre leur place, non par revendication, mais parce que leur voix est essentielle à l'équilibre du corps ecclésial. Les petits groupes, les maisons de disciples, les réseaux numériques deviendront des laboratoires de fraternité et de foi. L'Église n'aura pas peur d'essayer, de se tromper, de recommencer.

L'avenir de la CERB se joue aussi dans son ouverture à l'autre : dialogue avec les autres Églises, rencontres avec les croyants d'autres religions, accueil des personnes en marge, engagement dans la société. L'Église renouvelée ne pourra se replier sur elle-même : elle est appelée à être levain dans la pâte, lumière sur la colline, artisan de paix et de justice. Les alliances tissées avec d'autres communautés, les passerelles construites avec les autorités locales, les projets communs avec la société civile seront autant de signes de cette ouverture.

Ce dialogue ne sera pas facile : il demandera humilité, écoute, capacité à accueillir la différence sans renoncer à l'essentiel. Mais il portera du fruit : la CERB pourra partager ce qu'elle a reçu, s'enrichir de l'expérience des autres, proposer des chemins de réconciliation et de solidarité.

L'espérance n'ignore pas les défis qui restent devant : la fragilité économique, les tensions ethniques ou politiques, la tentation du repli, la séduction de l'individualisme, la lassitude des responsables, les crises imprévues. Mais elle invite à les regarder en face, sans peur, avec lucidité et foi. L'Église renouvelée saura conjuguer fidélité à ses racines et audace pour l'avenir. Fidélité à la Parole, à la prière, à la mission reçue ; audace dans la mise en œuvre de projets nouveaux, dans l'accueil des innovations, dans la formation de nouveaux leaders.

Elle saura aussi continuer d'accompagner les plus faibles, de prendre soin des blessés, de donner une place à chacun, de privilégier la profondeur sur la quantité, la relation sur le programme, la croissance intérieure sur l'apparence du succès.

Enfin, la CERB, dans son humilité retrouvée, deviendra un témoignage pour d'autres : au Burundi, en Afrique, et même ailleurs. Son histoire de cassure et de renaissance, de conflits et de réconciliation, sera une parabole vivante de la miséricorde de Dieu. Elle montrera qu'aucune communauté n'est condamnée à la stérilité, qu'il est toujours possible de se relever, de repartir, de bâtir à nouveau sur le roc. Les autres Églises, les réseaux chrétiens du monde entier pourront trouver là des ressources, des encouragements, des exemples à méditer.

Ferdinand, au soir de sa vie, relisant tout ce chemin, n'aurait jamais osé imaginer une telle fécondité. Il savait que bien des défis restaient à relever, que tout pouvait encore vaciller, mais il avait la paix : "Seigneur, tu as fait de grandes choses pour nous, et nous sommes dans la joie." (Psaume 126,3)

Le livre se referme, mais l'histoire continue. L'espérance d'une Église renouvelée n'est pas l'horizon d'une génération, mais le défi de chaque jour. C'est la certitude que Dieu accompagne la marche de son peuple, qu'il relève les cœurs brisés, qu'il fait toutes choses nouvelles. Demain, d'autres prendront la relève ; d'autres écriront de nouveaux chapitres. Mais la semence a été plantée, la source a jailli, la route demeure.

À chaque lecteur, à chaque croyant, à chaque disciple, une invitation : continuer la marche, humblement, patiemment, avec foi et audace. Car le Royaume s'approche, et l'Église, renouvelée, en sera le signe vivant.

Mot de l'auteur

Chers lecteurs, chères lectrices,

Au terme de ce voyage à travers l'histoire, les luttes, les renaissances et les espérances de la CERB, je voudrais m'adresser à chacun d'entre vous avec humilité et conviction.

Ce livre n'est pas seulement un récit, un témoignage ou un moment d'analyse. Il est avant tout une feuille de route : un guide, une balise, une mémoire vivante pour celles et ceux qui aujourd'hui, demain et dans les générations à venir, auront à cœur de poursuivre la mission que Dieu a confiée à la Communauté Églises du Rocher du Burundi. Que le visionnaire initial soit encore parmi nous ou qu'il ait rejoint la maison du Père, la mission demeure – plus grande que l'homme, plus forte que le temps, enracinée dans la fidélité de Dieu.

La CERB a connu des heures de lumière et des temps d'épreuve, des saisons d'élan et des périodes de doute. Mais à chaque étape, une conviction s'est imposée : c'est dans l'écoute de l'Esprit, dans le retour à la Parole, dans l'humilité du service et la profondeur de la fraternité que s'enracine le véritable renouveau. Les pages que vous venez de lire ne sont pas un aboutissement, mais un point de départ : elles tracent un chemin, suggèrent des repères, proposent des outils pour que chaque communauté, chaque responsable, chaque disciple puisse s'approprier la vision et la faire fructifier dans son contexte.

Ce livre veut rappeler à tous qu'aucune œuvre de Dieu ne repose sur un homme seul. Les fondateurs passent, mais l'appel de Dieu demeure. Les générations se succèdent, chacune avec ses défis, ses fragilités, ses promesses. La fidélité ne consiste pas à imiter le passé, mais à rester ouvert à la nouveauté de l'Esprit, à discerner sans cesse les chemins du Royaume là où nous sommes plantés. La transmission n'est possible que si nous acceptons d'être des passeurs : de l'expérience, de la foi, de l'espérance.

À vous qui tenez ce livre en main, je veux dire : prenez-le comme une invitation à la marche, comme une source d'inspiration, comme un outil de travail. Relisez-le en équipe, en famille, en Église ; discutez-en, questionnez-le, adaptez-le. Que ses pages deviennent vivantes dans vos projets, vos prières, vos engagements. Que la vision insufflée au départ – "Faire de tous des soldats dans l'armée du Seigneur" – continue de porter du fruit, de génération en génération, au-delà de nos limites et de nos vies.

Que Dieu garde la CERB fidèle à sa mission, audacieuse dans l'épreuve, rayonnante dans l'humilité. Que chaque lecteur devienne, à son tour, artisan de ce renouveau, témoin de cette espérance, bâtisseur de l'avenir.

Avec reconnaissance et prière,

Ferdinand Nduwindavyi, PhD

Résumé

Ce livre « De la Vision à la Croisée des Chemins : Entre Héritage et Renouveau » retrace l'itinéraire singulier d'une communauté de foi née au cœur de l'incertitude, portée par des hommes et des femmes en quête de sens et d'espérance. Dès les prémices, marquées par la fragilité et la précarité, surgit une rupture salvatrice : une première séparation qui, loin de diviser, ouvre la voie à une vision nouvelle, reçue dans le secret et présentée comme une lumière naissante. La vocation de « faire de tous des soldats dans l'armée du Seigneur » devient le moteur d'un engagement collectif. Inspirée par le principe de la succession divine à l'image de Jean-Baptiste, la communauté s'édifie sur cinq piliers inébranlables et développe une pédagogie de transformation par l'enseignement.

La vie communautaire s'intensifie, marquée par des temps fondateurs et la « nuit de l'Éternel », tandis qu'une vague de multiplication sans précédent voit naître plus de cent soixante-quinze églises. Le rêve d'un siège social, bâti sur la roche, s'incarne et devient le symbole d'une fidélité à Dieu, tandis que le développement social s'enracine et rayonne alentour. Mais au fil de la croissance, les premiers signes de division apparaissent, amorçant un temps de changement où la communauté se retrouve à la croisée des chemins, entre défis et espérance, à l'aube d'un crépuscule où la vision semble chanceler.

Dans cette période de transition, un nouveau leadership émerge, non sans ombres ni tensions, alors que des questions de népotisme et de soutien à la jeunesse et aux églises locales fragilisent la dynamique initiale. Le silence s'installe, les projets s'estompent, et l'ancien représentant, dans la solitude, persévère dans la prière et la fidélité. C'est alors que Dieu parle à nouveau, invitant la communauté à se reconnecter à la source et à accueillir une révélation renouvelée.

Les chapitres qui suivent analysent les diagnostics de l'échec, dévoilent les illusions de grandeur et réinterrogent le passage du modèle du « soldat » à celui du « disciple », entre rupture et continuité spirituelle. La pédagogie du vrai disciple s'impose comme la clé d'un renouveau, permettant à la communauté de retrouver une autorité authentique et d'équiper ses membres pour le Royaume. Face aux résistances et aux doutes, de nouveaux visages émergent, témoignages vivants d'un discipolat renouvelé.

Le livre s'achève sur une promesse : celle d'un renouveau communautaire, d'un futur possible, et sur une invitation à méditer la foi, la responsabilité, et l'importance de transmettre le relais aux générations suivantes. À la fois chronique, témoignage et guide, cet ouvrage propose une plongée profonde dans les joies, les combats, les échecs et les espérances d'une communauté en perpétuel mouvement vers la lumière.

Printed by Books on Demand GmbH, Norderstedt / Germany